企业组织演化的随机突变研究

徐 岩◎著

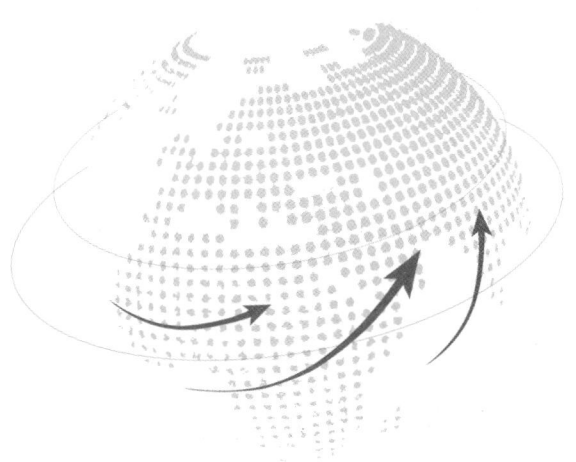

STOCHASTIC CATASTROPHE ANALYSIS ON
EVOLUTIONS OF
THE BUSINESS ORGANIZATIONS

图书在版编目（CIP）数据

企业组织演化的随机突变研究/徐岩著. —北京：经济管理出版社，2017.4
ISBN 978－7－5096－4971－8

Ⅰ.①企… Ⅱ.①徐… Ⅲ.①企业组织—组织管理学—研究 Ⅳ.①F272.9

中国版本图书馆 CIP 数据核字（2017）第 036127 号

组稿编辑：申桂萍
责任编辑：侯春霞
责任印制：黄章平
责任校对：超　凡

出版发行：经济管理出版社
（北京市海淀区北蜂窝 8 号中雅大厦 A 座 11 层　100038）
网　　　址：www.E－mp.com.cn
电　　　话：(010) 51915602
印　　　刷：北京玺诚印务有限公司
经　　　销：新华书店
开　　　本：720mm×1000mm/16
印　　　张：11
字　　　数：143 千字
版　　　次：2017 年 4 月第 1 版　2017 年 4 月第 1 次印刷
书　　　号：ISBN 978－7－5096－4971－8
定　　　价：48.00 元

·版权所有　翻印必究·
凡购本社图书，如有印装错误，由本社读者服务部负责调换。
联系地址：北京阜外月坛北小街 2 号
电话：(010) 68022974　邮编：100836

前　言

　　企业组织由于受到随机干扰的影响，在演化过程中不仅存在着连续的量变行为，还存在大量很难预测的离散突变过程。相比于管理前者，企业实践者解释、预测和控制突变行为更具挑战性。因此，本书的核心内容就是运用突变理论研究这种离散突变过程的发生机理。

　　已有的文献研究将经典突变理论应用于以不确定性为基本特征的企业系统有明显的不足，因此本书引入随机突变理论。笔者阐述了它的基本原理，包括研究对象（Itô随机微分方程）、研究问题（随机过程发生离散突变的内在原理）、研究工具（随机势函数、极限概率密度函数、众数和随机分歧等）和应用方式（一种是对随机微分方程进行分析；另一种是对显含突变特征的系统进行数据拟合，得出突变方程，在此基础上分析突变机制）。

　　然后，笔者以随机突变理论为基本工具来研究企业在随机干扰影响下其演化行为的离散突变问题。内容主要包括：

　　（1）宏观上，笔者以战略联盟由最初的合作稳定到最终意外地、非计划性地解体这一离散变化为研究主题。本书引入促进信任的公平效用激励机制，对均势联盟中多成员之间的策略互动建立了演化博弈模型，同时引入高斯白噪声来反映随机干扰。本书的分析表明，联盟由稳定到非计划性解体这一演变有两种解释方案：一是当系统参数在分歧集合内部时，联盟由于受到外界的随机干扰而导致由稳定到解体的扰动性突跳；二是当参数穿越分歧集合边缘时，联盟因组织的作用而导致由稳定到解体的结构性突变。

（2）中观上，笔者以团队的知识共享行为为主题。知识是核心资源，具有隐匿性，因此本书引入监督机制和奖罚机制。笔者针对知识共享行为建立了含有白噪声的随机演化博弈模型。利用随机突变理论研究模型参数的连续变化对团队行为演化的离散突变影响。该分析表明，团队行为的突变机制只与实质性变量即知识水平、共享损失系数、协同成本、奖与罚的程度、监督强度和惩罚分成比例有关，而与非实质变量即协同效率、学习成本、吸收转换新知识的能力和知识的可共享度无关。实质性变量决定了团队由共享到不共享这一扰动性突跳或结构性突变发生的临界区域。

（3）微观上，笔者以员工心理契约和组织承诺的建立—破坏为主题。心理契约和组织承诺的演化具有明显的突变特征，因此笔者用随机尖点突变模型来描述其演化机制。针对两个系统，本书分别以人格和组织氛围为独立控制变量、以工作满意度和组织支持为独立控制变量，通过调研数据，利用 Cuspfit 软件拟合了尖点突变模型。研究结果表明，组织氛围作为正则因子、人格作为分歧因子共同影响心理契约的突变，而工作满意度作为正则因子、组织支持作为分歧因子共同影响组织承诺的突变。滞后现象说明了心理契约和组织承诺一旦破坏，就很难重新建立起来。

目　　录

第一章　绪论 ··· 1

　　第一节　选题来源、目的和意义 ····································· 1
　　第二节　国内外相关研究评述 ·· 4
　　第三节　研究方法、研究内容及章节安排 ························ 35

第二章　战略联盟竞争与合作行为演化的随机突变分析 ············ 42

　　第一节　问题的引入 ··· 42
　　第二节　基本假设 ·· 44
　　第三节　数学模型 ·· 45
　　第四节　战略联盟行为演化的随机突变分析 ···················· 51
　　第五节　数值仿真与讨论 ·· 63
　　本章小结 ·· 72

第三章　团队知识共享行为演化的随机突变分析 ····················· 74

　　第一节　问题的引入 ··· 74
　　第二节　基本假设 ·· 75
　　第三节　团队成员知识共享行为演化的基本模型 ·············· 77

第四节　模型分析 …………………………………………… 81
　　第五节　模型数值仿真 ………………………………………… 90
　　本章小结 ………………………………………………………… 96

第四章　基于随机尖点突变理论的心理契约建立—破坏的研究 …… 98

　　第一节　问题的引入 …………………………………………… 98
　　第二节　员工心理契约动力学演化的尖点突变模型 ………… 100
　　第三节　尖点突变模型的拟合 ………………………………… 102
　　第四节　突变分析 ……………………………………………… 106
　　本章小结 ………………………………………………………… 118

第五章　基于随机尖点突变理论的员工组织承诺演化的非线性突变研究 …………………………………………… 119

　　第一节　问题的引入 …………………………………………… 119
　　第二节　组织承诺演化的随机尖点突变模型 ………………… 120
　　第三节　组织承诺尖点突变模型的拟合 ……………………… 121
　　第四节　组织承诺建立—破坏的非线性突变分析 …………… 124
　　本章小结 ………………………………………………………… 138

第六章　结论与展望 ………………………………………………… 140

　　第一节　结论 …………………………………………………… 140
　　第二节　主要创新点 …………………………………………… 144
　　第三节　研究展望 ……………………………………………… 145

参考文献 ………………………………………………………………… 147

后记 ……………………………………………………………………… 164

第一章　绪　论

第一节　选题来源、目的和意义

一、选题来源

本书选题主要来源于以下课题：国家自然科学基金青年基金项目"协同创新团队隐性知识共享有效性的随机动态博弈分析"（No. 71501113）、山东省优秀中青年科学家科研奖励基金"协同创新中动态知识共享行为演化的随机非线性分析"（No. BS2014SF009）、国家自然科学基金青年基金项目"基于风险视角的移动支付用户采纳及创新扩散机理研究"（No. 71301089）、国家自然科学基金面上项目"面向全生命周期的可信软件测度模型和过程改进工具研究"（No. 71471103）、国家自然科学基金面上项目"基于在线评论网络的多元交互行为及协同演化机理研究"（No. 71671060）、国家社科基金项目"果蔬品供应链中节点成员间协作共生的演进机理、组织模式与实现路径研究"（No. 13BGL099）、国家自然科学基金面上项目"基于系统模拟、心理学和突变论的企业管理组织性能测试研究"（No. 71071065）、教育部博士点专项基金资助项目"基于本体的项目管理组织运作的嵌入式时变模拟研究"（No. 20100142110049）、国家自然科学基金重点项目"移动商务的基础理论与技术方法研究"（No. 70731001）、山东省自然科学基金"组织惯例复制的微观机理、过程及实施途径：基于多主体仿真的研究"（NO. ZR2016GB06）。

二、选题目的和意义

企业组织作为一个复杂系统，不确定性和突变性是其基本特征。在演化过程中不仅存在着连续的量变行为，还存在大量的很难预测的离散突变过程。相比于管理逐渐恶化的企业问题，预测和控制突变行为的发生更具挑战性。因此，本书运用最新出现的随机突变理论来研究企业组织在受到外界随机干扰影响的情况下其演化均衡态的离散突变问题，尝试得出一些关于企业演化随机突变的内在规律，为实践中解释、预测和控制企业演化的突变行为提供一些理论支持和技术指导。

以追求长期合作关系为理念的战略联盟，在近几十年得到了迅猛的发展。联盟内成员企业通过良好的合作能够带来很多市场与科层组织所没有的价值和优势。然而，有学者对全球的战略联盟进行了跟踪调查和统计发现，过去20年来能够成功地长期保持稳定合作关系的战略联盟并不多见，30%～70%的联盟以非计划性地并购或者解体而告终。由此，理论界和实业界对战略联盟的关注点，由开始的动力、形式和竞争力以及价值创造等问题，转变为对联盟过程和生命周期的管理。然而大多数联盟研究不是集中在联盟最初稳定性机制设计方面而忽略了后续的演化命运，就是仅仅对最终联盟不稳定性这一状态的原因探析感兴趣。这两个视角都不能有效地解释现实中为什么很多最初具有稳定合作关系的战略联盟，在经过一段时间的演化后最终走向非计划性地突然解体。突变理论作为一门数学分支，它是专门研究系统

第一章 绪 论

的均衡态随着系统参数的连续变化而发生离散突变的工具。联盟的运作随着环境的变化而导致的上述变化本质上属于离散变化的范畴。对这一问题的研究，可以从突变论的视角进行有效的揭示。然而，传统的突变理论是研究确定性系统的，战略联盟作为一个复杂系统，不确定性的演化是其基本特征。因此，本书借助随机突变理论研究在受到随机干扰的影响下，联盟的演化在随着运作环境的变化而导致联盟性质发生离散变化的内在规律。这一研究所具有的实践意义是：一方面，可以用来解释为什么很多最初具有稳定合作关系的战略联盟，在经过一段时间的演化后最终走向非计划性地突然解体；另一方面，可以发现这种离散突变的临界集合，为预测联盟的非计划性解体提供指导。

本书除了在宏观层面上研究企业之间的群体演化行为外，还关注了企业内部员工之间的群体演化行为。相比前者，后者更具有可控性。为此选取了团队成员之间的知识共享行为作为研究对象。知识经济时代，知识资源作为企业或者组织的核心资源，可以为组织带来持久的竞争优势，因此组织会投入巨大的资源来进行知识管理，包括建立知识管理系统等来有效地利用知识。而知识的有效利用不仅取决于技术层面上的因素，更为重要的是必须保证在组织内部实现有效的知识共享和知识转移。然而现实中，在团队内部随着环境的改变，由共享到不共享的离散演变的现象也经常发生，这就涉及团队知识共享演化动力学的研究。不过现有的研究中大多只是基于共享行为的稳定性研究而没有谈及由共享到不共享的离散过渡。因此，本书拟借助随机突变理论来探讨当团队行为受到外界随机干扰影响时由共享到不共享行为的离散突变规律。这一研究可以为团队管理者设计激励机制提供有力的理论指导，如果知道了发生突变的临界集合，就可以预测和控制突变的发生，针对由共享到不共享的突变，要尽量避免参数的变化穿越临界集合，而对于由不共享到共享行为的突变，管理者要尽量提高环境参变量，以使其穿过临界集合，来促进知识共享行为的出现。

上述两类研究的基本思路都是利用随机突变理论直接对系统的随机演化动力学方程进行分析。对于随机突变理论的应用还有另一种方式，如果知道一个系统的演化过程具有明显的突变特征如滞后、突跳、双模态等，那么就可以利用突变模型来描述该系统的演化动力学。为了获得具体的突变方程，一般首先搜集实证数据，然后利用 Cuspfit 软件对一些参数进行估计，在此基础上进行突变机制分析。为此，本书在企业组织演化的微观层面上，考虑了演化具有突变特征的组织承诺和心理契约，对其建立—破坏的离散变化从突变理论的视角进行动力学演化研究。虽然现有的文献对两个对象从前因变量与结果变量等视角进行了研究，但是变量之间到底如何相互影响这一问题仍然是一个"黑箱"，突变特征的存在性说明可以从突变理论视角在一定程度上揭开这一"黑箱"。因此，本书一方面可以在理论上为深入剖析组织承诺和心理契约各自演化的内在机制提供一个新的视角，另一方面可以为实践中从组织承诺和心理契约出发而有效地激励员工的行为和态度这一视角提供指导。

本书除了关注随机突变理论在实践中的应用外，还考虑了对随机突变理论在理论上的创新发展。比如，首次提出在随机突变理论的框架下，存在两类离散突变过程：扰动性突跳和结构性突变。传统的突变理论研究中只关注后者，而对于一门直接服务于实践的理论，由于随机干扰的存在性而导致的扰动性突跳同样具有重要的实践意义。

第二节 国内外相关研究评述

本部分的综述包含两方面：一是方法与工具方面的综述，这包括随机突变理论与生成动力学演化方程的方法，如演化博弈理论等；二是研究问题方面的综述，包含宏观上战略联盟的演化稳定性研究、中观上团队知识共享的演化研究、微观上员工的心理契约与组织承诺研究。

一、随机突变理论的研究与应用评述

（一）初等突变理论概况

客观世界中系统存在着三类变化：状态变量随着控制变量的连续变化而连续变化、状态变量随着控制变量的离散变化而离散变化、状态变量随着控制变量的连续变化而发生离散的突然变化。描述第一类变化的数学工具是微积分和常微分方程，描述第二类变化的数学工具是差分方程、概率论和离散数学等工具，两类变化都得到了有效的研究。然而对于第三类变化的研究，长期以来因一直缺乏有效的工具而没有得到很好的探索，直到后来出现了突变理论。突变理论的研究内容是系统在连续发展过程中出现的突然变化的现象以及它与连续变化因素之间的关系。它与耗散结构论、协同学一起构成了"新三论"的框架，用来研究系统的微观运作机制及其特点。

经典的突变理论也叫初等突变理论，它的数学渊源是分歧理论。经典的分歧理论就是研究系统参数变化导致的系统某些定性形态的改变这一问题的，然而系统地处理并成功地解决大量实际问题，是从突变理论开始的。分歧理论在一般意义上是关于含参数的非线性方程平衡解的理论。所谓平衡解即吸引子，一般包括常解（即通常意义上的系统的平衡点）、时间周期解、概周期解和混沌四种形式。分歧理论研究的就是由参数的变化而导致的系统平衡解之间的分歧。突变理论作为分歧理论的一个分支，实际上研究的就是平衡点之间的相互转换问题或者分歧问题。但是它的立足点更高，不只是考虑单一参数的变化，还考虑了多个参数变化时平衡点的分歧机制，而且更加重视由这种分歧而导致的平衡点之间的离散突变过渡现象，而用来解释现实世界中离散突变现象的恰恰就是这种平衡点之间的离散过渡过程。

1972 年 Thom 的著作《结构稳定性和形态发生学》的出版被学术界公认为突变理论诞生的标志。随后由学者 Zeeman、Arnol'd 等做了理论和实践上的推广。突变理论于 20 世纪 80～90 年代开始在国内兴起，以凌复华、李家贤、高隆昌为代表的国内学者开始引进、消化突变理论（这其中包含着大量综述性质的文章）。

突变理论的研究对象是系统的势函数（势函数是指系统具有采取某种趋向的能力，由系统各个组成部分的相对关系、相互作用以及系统与环境的相对关系决定。在管理领域中，势函数可以理解为系统的一种性能函数），记为 V = V(x, c)，其中 x 是状态向量，c 是系统的控制参数。后来突变专家又对与势函数相关的梯度系统或者 Hamilton 系统进行了研究，即考虑系统的动力学方程：

$$dx = \frac{-dV(x, c)}{dx} dt \qquad (1-1)$$

分歧理论指出对于含有参数的非线性动力学系统很有可能出现退化的临界点，而它是产生复杂性的重要根源。这是由于当含有参数的非线性式子或动力学系统的参数变化时，系统的均衡点或者临界点必然产生分叉和奇异性。而这种分叉会导致系统的均衡状态发生突变。在数学中，突变是指针对系统的控制变量的连续变化导致了系统的状态变量的均衡点的跳跃性变化。突变理论研究的问题就是随着参数 c 的连续变化所导致的系统状态向量的均衡点（或临界点、平衡点）的离散变化即突变的内在机制。它以势函数在临界点（即平衡点）附近的性态的变化规律为研究对象，将系统的临界点划分为非退化和退化的临界点，指出在系统的非退化临界点附近，势函数的性质是比较简单的；而在退化的临界点附近，系统结构是不稳定的，只要参数的微小变动，就容易导致系统拓扑性质发生变化从而发生突变。Thom 指出，这一性质与状态变量的个数无关，只与控制参数的个数相关。在控制参数不多于 4 的前提下，经过拓扑等价变换，只存在七种不同的突变类型：折叠型、尖点型、燕尾型、蝴蝶型、双曲型、椭圆型和抛物型，即所谓的七种初等突变。相关的势函数和发生突变的参数临界集合等内容可以参考凌复华（1987）。

在七种初等突变模型中，尖点突变模型由于其内容丰富和结构简单而在实践中得到了广泛的应用。尖点模型对应的系统的动力学方程如下：

$$\frac{dx(t)}{dt} = -\frac{\partial V(x, \alpha, \beta)}{\partial x} = -x^3 + \beta x + \alpha \tag{1-2}$$

其中，x 是状态变量，V（x，α，β）是系统的势函数，α 是正则因子，β 是分歧因子，系统所有的均衡点满足：

$$-x^3 + \beta x + \alpha = 0 \tag{1-3}$$

由于非线性性质，系统会出现分歧现象。同时伴随分歧会产生突跳、滞后、双模态、发散等现象，而两类因子共同决定系统突变特征的发生。例如，正则因子决定发生突变的位置，而分歧因子决定发生突变的程度。图 1-1 给出了系统的均衡点随着参数连续变化而发生离散变化的图解，三叶曲面是系统的均衡曲面，平面是系统的控制平面，从中可以发现相应的突变特征。

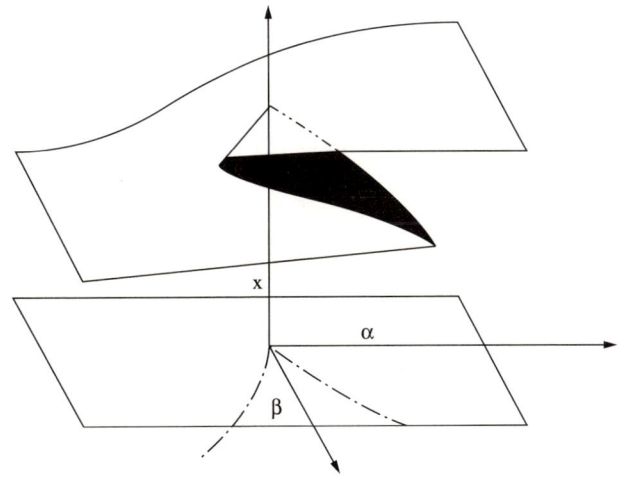

图 1-1　尖点突变模型示意图

突变理论在描述和解释不连续变化现象方面的成功，使得它在实践中得到了大量应用。国内外不同领域的学者在研究中进行了大量尝试，例如，硬科学领域包括物理学、化学、生物学、工程学，软科学领域包括企业管理学、社会学、心理学、金融学、经济学。

（二）初等突变理论的不足

虽然已经有大量文献应用经典突变理论来研究实践问题，但是经典突变理论在应用上仍然具有很大的局限性，而这些局限阻碍了突变理论的进一步应用。经典突变理论的研究对象是形如式（1-1）的演化系统，这一对研究系统的严格的定量要求，使得突变理论的应用受到了某些质疑。

首先，现实系统的复杂使得研究者很难获得系统的精确的动力学方程，此时对系统突变的研究只能停留在定性的描述上，包括对突变特征如双模态、突跳、滞后、不可达、发散的定性解释上，无法获得定量上的结论，而定量上获得系统发生突变的临界集合是突变理论最大的贡献。这一点的无法实现使得对突变的研究成果大打折扣。例如，Zeeman 在对股票市场波动的研究上，在当时没有基于数据的估计理论的情况下，只能定性地描述股票市场的波动情形，无法精确地获得相关结论。基于系统动力学方程的研究这一思路只能局限于少数应用领域，如硬科学领域和软科学领域中的某些特殊范围。如 Weidlich 结合社会心理学研究了人对政府政策的态度的转变问题中发生的突变现象，给定人口数量和评价度作为状态变量，利用社会动力学理论建立了状态动力学机制，在此基础上讨论了其中若干控制参数的连续变化对状态变量的突变影响。

其次，式（1-1）所描述的系统是一个自治系统，系统动力学中不显含时间 t。针对一个非自治系统：

$$dx = f(x, c, t)dt \qquad (1-4)$$

现有的突变理论内容无法进行研究。因此，针对研究的系统，即使获得了动力学方程,如果是非自治的,那么突变理论也无法对此进行求解,而非自治系统在实际中广泛存在,因此这也阻碍了突变理论的进一步应用。

再次,针对一个多维动力系统,应用突变理论同时研究多个维数的状态变量的前提是,系统对应的 Jacobian 矩阵具有对称性。例如,针对一个二维系统,假设演化的势函数是 V = V(x, y, c),则要求:

$$\frac{\partial^2 V(x, y, c)}{\partial x \partial y} = \frac{\partial^2 V(x, y, c)}{\partial y \partial x} \tag{1-5}$$

否则只能单个研究某个状态维的突变。Holyst 等(2000)的研究就是采纳这一思路的。

最后,基于式(1-1)突变问题的研究是在确定性环境下展开的。但是实际场景中总是具有不同程度的随机性,针对随机环境下的突变研究,经典突变理论无法胜任,尤其是在社会科学领域中有人参与的系统。

基于以上几点,突变理论的后续研究者在不同程度上进行了改进。这其中包括将式(1-1)扩展为一个泛函系统,研究泛函系统的突变问题;或者将式(1-1)扩展为一个随机系统,研究在不确定环境下系统的突变问题。本书接下来重点对后者进行讨论,因为随机系统在管理领域中广泛存在,针对该系统的突变研究有重要的实际意义。

(三)随机突变理论的引入

1. 基本原理

客观世界中存在着含有扰动效应的系统,这种系统在软科学领域中尤其常见。该扰动效应可能是系统固有的,也可能是在观察和测量系统时人为的误差。针对含有扰动因子的系统,式(1-1)已经无法精确描述,而且传统的突变理论内容框架也不能有效地描述系统的突变机制。

为了解决上述问题,Cobb 首先尝试了将经典突变理论与随机系统理论内容的集成。将由式（1-1）描述的确定性系统扩展为由随机微分方程描述的系统：

$$dx = \frac{-dV(x,c)}{dx}dt + \sigma(x)dW(t) \quad (1-6)$$

其中，x 被作为随机过程来处理，W(t)为一个标准 Brown 运动，表示 x 所受到的一个随机干扰，而 $\mu(x) = \frac{-dV(x)}{dx}$ 被定义为系统 x(t)的漂移系数，σ(x)为扩散系数，表示所受干扰的强度。以上随机微分形式是 Itô 微分〔关于随机过程和随机微分方程的知识可以查阅胡适耕等(2008)〕。

突变理论研究的初衷就是研究系统均衡态随着参数的连续变化而导致的离散变化。那么研究式(1-6)的突变问题，首先要定义该系统的均衡状态。传统的经典突变理论在研究确定性系统式(1-1)的均衡点集合时，有如下定义：$\left\{x \mid \frac{-dV(x,c)}{dx} = 0\right\}$，该均衡点有明显的实际意义，它表示过程演化的静止态。而在随机系统中，由于过程的演化路径是无数的，而且是杂乱无章的，单独研究某个点的静止已经失去意义，因此只能研究统计意义上的均衡态。为了从统计意义上研究系统演化的突变问题，就要借助随机过程的统计工具，如随机变量的概率密度函数。考虑如下概率密度函数：

$$f(u, t, x_0) = \frac{d}{du} \text{Prob}\{x(t) < u \mid x(0) = x_0\} \quad (1-7)$$

式(1-7)表示以随机变量 x_0 为初值的随机过程 x(t)在时刻 t 处的概率密度函数。该函数在当 t→∞ 时，有极限 $f(u, t, x_0) \to f^*$，其表达式为：

$$f^*(x) = N_a \exp[-V_{sto}(x)] \quad (1-8)$$

其中，N_a 是常数，而随机势函数 $V_{sto}(x)$ 有：

$$V_{sto}(x) = -2\int_a^x \frac{\left\{\frac{-\partial V(z,c)}{\partial z} - \left(\frac{1}{2}\right)[\sigma^2(z)]'\right\}}{\sigma^2(z)}dz \quad (1-9)$$

a 是系统状态空间中的任一点。f^* 不依赖于时间 t，定义为静态概率密度函数或者极限概率密度函数，它反映了随机过程 x(t) 统计意义上的总体表现。而反映随机过程 x(t) 统计意义上的均衡态性质的工具是极限概率密度函数 f^* 中可微的众数（Modes）与反众数（Anti-Modes）。而众数和反众数在 f^* 中的作用就类似于经典突变理论中势函数的极小点和极大点，因为众数代表了取值概率最大或者最有可能出现的点，而反众数与之相反。因此，在随机突变理论中，随机过程 x(t) 的随机均衡态就是指极限概率密度函数 f^* 中可微的众数与反众数，其中稳定的随机均衡态就是指众数，不稳定的随机均衡态就是指反众数。这样，借助于 Itô 随机微分方程，Cobb 在确定性系统的势函数和随机过程的极限概率密度函数之间建立了联系。

为了直观说明极限概率密度函数的众数与反众数在随机过程中所起的作用，再次给出一个例子。考虑如下过程的演化：

$$dx = (-x^3 + 3x)dt + dw(t) \qquad (1-10)$$

借助式(1-8)与式(1-9)可以得出式(1-10)的极限概率密度函数具有两个众数和一个反众数，分别为：$x = \pm\sqrt{3}$，$x = 0$。图 1-2 给出了过程(1-10)的极限概率密度函数，而图 1-3 给出了过程演化的示意图。可以看出，极限概率密度函数充分地决定了过程的时间序列演化。

因此，可以通过研究 f^* 的众数和反众数的变化即数量和排列顺序的拓扑结构变化来研究随机过程的突变规律，进而得出如下关于随机突变的概念[①]：

定义：过程 x(t) 的随机突变是指 x(t) 的极限概率密度函数 f^* 关于众数与反众数的拓扑结构上的突变或相变。

---

① 此外，在随机分歧理论中，还有另外的随机突变概念。本书的随机突变概念是基于统计分布性质的，而其他的概念是基于样本路径行为性质的。

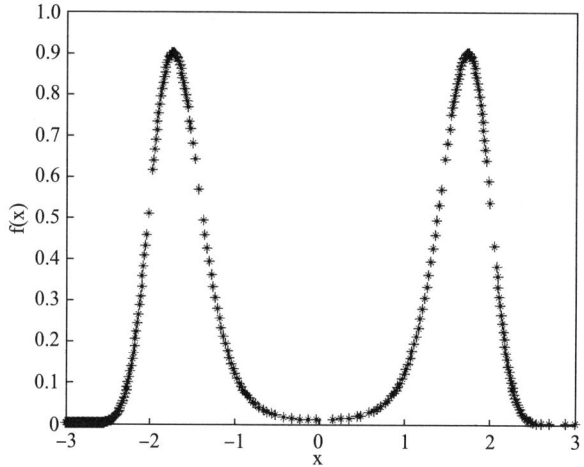

图 1-2 过程（1-10）的极限概率密度函数

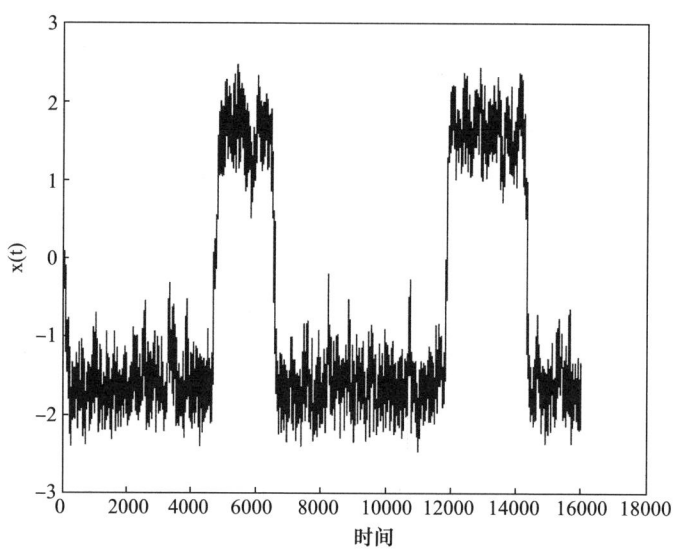

图 1-3 过程（1-10）的时间序列演化

针对随机系统而定义的随机突变概念有重要的直观意义，因为众数可以被理解为发生概率最大的点，反众数是发生概率最小的点，众数和反众数发生了变化，就意味着过程的时间序列均衡态的取值发生了系统的变化。

现用一个例子来直观上说明过程的极限概率密度函数的拓扑变化就意味着过程的随机突变这一含义。有如下两类随机动力系统：

$$dx = x(1-x)(x-1/3)dt + dw(t) \tag{1-11}$$

$$dx = -x(1-x)(x-1/3)dt + dw(t) \tag{1-12}$$

根据式（1-8）与式（1-9），它们相应的极限概率密度函数分别由图 1-4 和图 1-5 来描述。

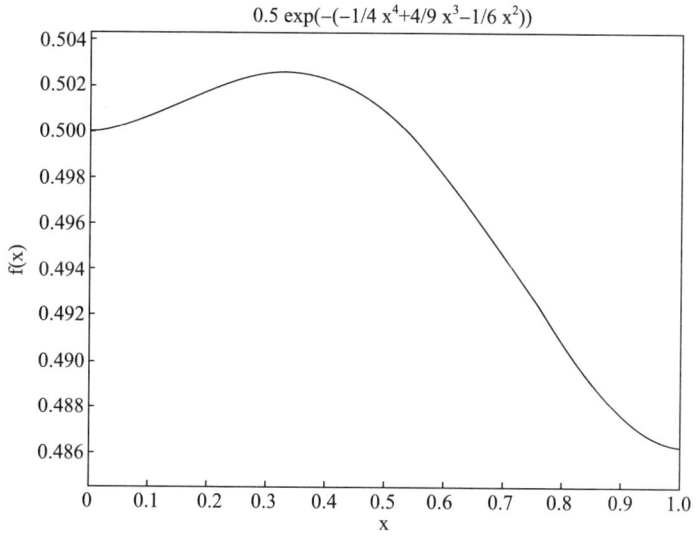

图 1-4 系统（1-11）对应的极限概率密度函数

可以看出，前后函数关于可微分的众数和反众数已经发生了拓扑结构上的变化。图 1-4 只有一个众数 x = 1/3，而图 1-5 有两个众数 x = 0，x = 1。而从相应过程的时间序列演化路径也可以看出前后发生了重大变化。过程（1-11）的演化路径（见图 1-6）一般在仅有的众数 x = 1/3 附近跳动，而过程（1-12）的演化路径（见图 1-7）会在两个众数之间来回选择，并且总是在众数附近取值。

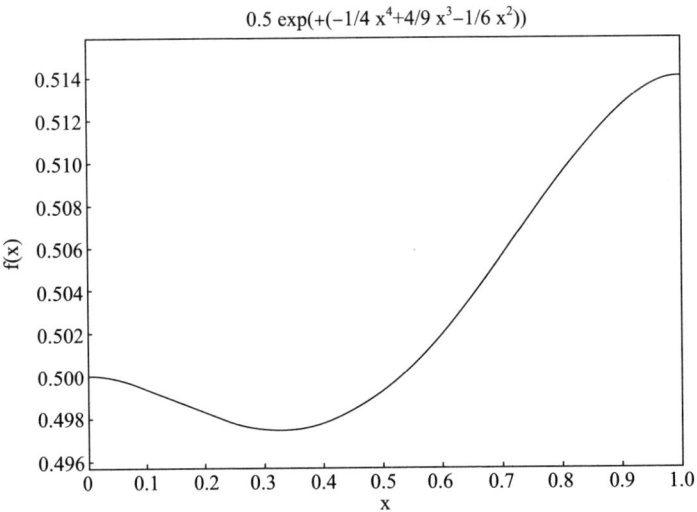

图 1-5　系统（1-12）对应的极限概率密度函数

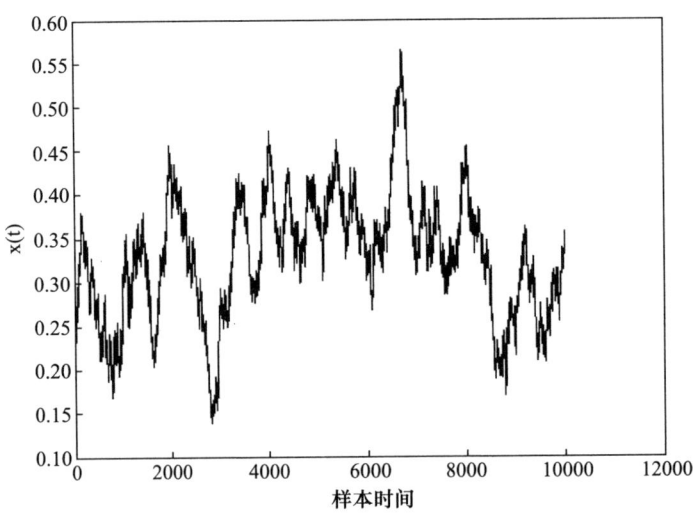

图 1-6　过程（1-11）的时间序列演化

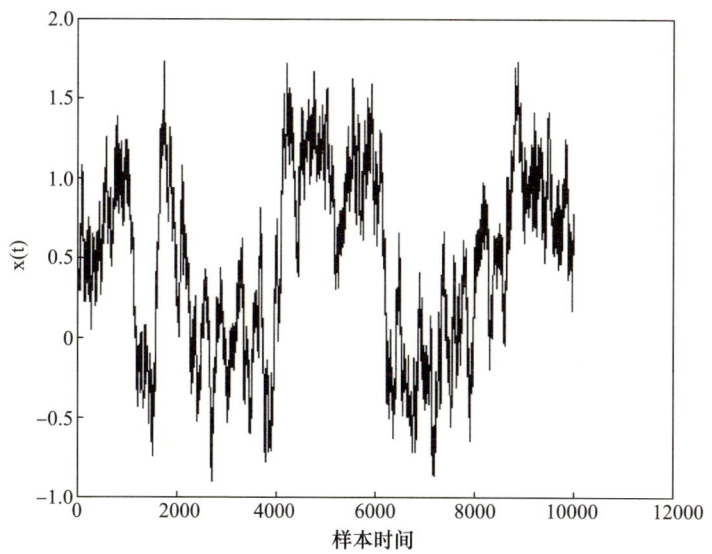

图 1-7 过程（1-12）的时间序列演化

2. 与经典突变理论的联系

实际上，随机突变的概念并非只是简单数学上的逻辑，它实际上是对经典突变的扩展。随机突变的概念反映了随机过程的极限概率密度函数关于众数和反众数的这一广义"临界点"或者"均衡态"的突变。而通过研究式（1-8）与式（1-9）发现，当扰动项是一个不依赖于过程的常数时（这意味着 $f^*(x)=0 \Leftrightarrow -V_{sto}(x)=0$），极限概率密度函数的众数和反众数重合于式（1-1）的极小点和极大点，如图 1-8 所示。这也可以通过对式（1-11）、式（1-12）的展示得到验证。

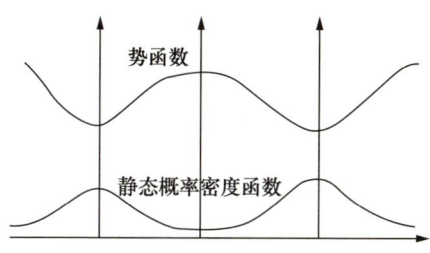

图 1-8 当 $\sigma(x)$ 为常数时，极限概率密度函数与势函数之间的关系

为了更加全面地描述这一点,接下来以经典突变理论中应用最为广泛的尖点突变模型为例,来说明这种一致性特点。尖点突变模型的数学表示如下:

$$dz = (-z^3 + z\beta + \alpha)dt \tag{1-13}$$

其中,势函数满足 $\dfrac{-dV(z,\alpha,\beta)}{dz} = -z^3 + z\beta + \alpha$,$\alpha$、$\beta$ 为两类控制变量(分别为正则变量和分歧变量),共同决定着系统的突变机制。图1-9中的曲面反映了控制参数取值对应下的均衡点曲面。

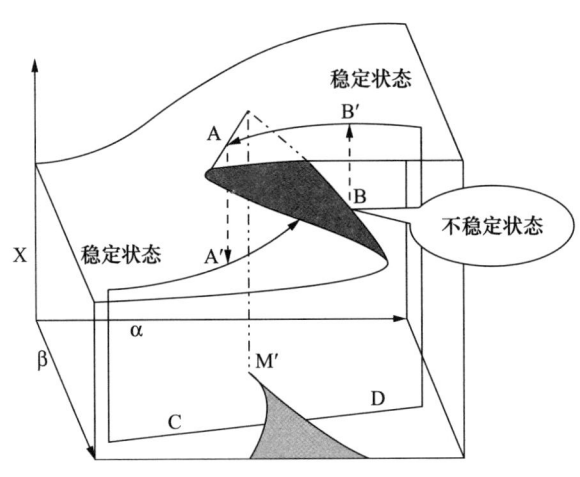

图1-9　尖点突变模型

可以看出,有些区域中只有一个稳定的极小点,而有些区域(即控制平面的阴影区域)中系统有两个稳定的极小点,而中间的一叶就是不可达的极大点。控制平面中阴影区域就是分歧集合,而阴影区域的边界就是发生突变的临界集合。给定控制参数的一系列取值如直线CD,当参数沿着直线连续变化时,系统的均衡点的变化就会沿着曲面中的B'AA'或者A'BB'发生离散的变化。

相应地,在随机尖点突变模型中,即式(1-14):

$$dz = (-z^3 + z\beta + \alpha)dt + \varepsilon dw(t) \quad (1-14)$$

其中，ε 为常数扰动项。由于众数与极小点重合，因此当参数沿着直线 CD 移动时，随机过程（1-14）的极限概率密度函数的性质就会发生离散的变化（由图 1-10 来直观地描述）。图 1-9 中函数由一个众数点变为两个众数点的位置就是图中 CD 与平面中阴影相交的位置，可见两种情况下包含的变化信息是一致的。含有常数扰动项的尖点突变模型的这一特点，使得随机尖点突变模型在实践中得到了广泛的应用。

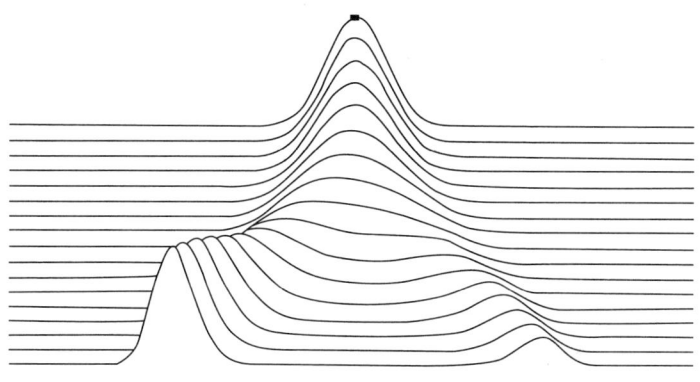

图 1-10　参数沿着 CD 变化时，极限概率密度函数的变化过程

3. 应用方式以及应用综述

随机突变理论的产生在很大程度上弥补了经典突变理论的不足，它可以研究更为广泛的含有不确定特征的系统的突变问题。概括起来有两种应用方式：

（1）直接借助含有扰动效应系统的梯度动力系统方程，以过程的极限概率密度函数为对象，进行严格意义上的数学分析，找出临界点集合并研究临界点性质，获取突变集，以预测系统的突变行为。应用此方式的前提是该系统的动力学方程已知，另外此方法的优势是不受状态变量和控制变量个数的限制。例如，Cobb 等（1985）针对基因突变问题建立了扰动项为 $\sqrt{x(1-x)}$ 的随机动力系统，在此基础上利用极限概率密度函数探讨了参数的连续变化导致的状态的突变机制。

（2）根据实证研究，得出系统的演化含有突变特征：双模态、不可达、突跳、滞后、发散。在此基础上，利用随机突变理论来对实证调研数据进行突变模型的统计拟合。由于随机突变理论中，主要的研究工具是极限概率密度函数，因此可以对它进行统计方面的分析，通过搜集样本数据，利用一些估计方法来获得总体的特征。

现有的针对突变模型的假设检验和拟合估计方法有：一是由 Cobb、Cobb 和 Watson 创立的针对尖点模型的极大似然估计方法（Maximum Likelihood Estimation，MLE）；二是由 Guastello 创立的简单回归技术（Simple Regression Technique）；三是由 Oliva 等创立的最小二乘估计（The Least - Squares Estimation Method）。其中最常用的是极大似然估计方法。针对该方法，Cobb 开发了一种计算机算法来拟合尖点突变模型，但是该算法不稳定。后来 Hartelman 开发了一套窗户界面的软件，即被广泛应用的 Cuspfit。在该软件中，三种模型得到了比较：线性模型、Logistic 模型和尖点突变模型。拟合效果比较的原则是两个变量——Akaike Information Criterion（AIC）和 Bayesian Information Criterion（BIC）中取值低的模型拟合好。

以第二种方法为思路的应用在现有的文献中居多，而且主要应用于管理学、心理学、金融学等领域。例如，员工离职行为研究、消费者行为研究、心理感知的突变、态度突然转变的研究、冲突行为研究、股票市场波动研究。

随机突变理论能够以第二种方式应用于实践，使得其在学术界的地位得到了很大提高，正如 Barkley 等（2007）所言，"在突变理论经过了一个低谷期后，现在又是要重新引起重视的时代了"。关于突变模型拟合估计理论的出现，使得过去以定性描述为主的突变研究的局面得到了巨大改善，研究者可以通过搜集数据来进行定量上的分析。

二、演化动力学方程获取方法评述

针对随机突变理论的应用，虽然第二种应用方法使用得很成熟，但是对于第一种方法现有的研究中却用得比较少，这主要源于实际中系统的演化动力学方程难以获取。事实上，由于企业系统的复杂性，尤其是人的参与所带来的不确定性，不像物理、工程等领域对对象的观察容易获得，其系统演化动力学机制的生成本身就是一个难题。这也是现有的文献和课题中专门针对企业演化动力学的研究偏少的一个主要原因。我们通过搜集文献总结发现，现有的关于企业组织行为演化动力学生成的方法主要有：社会动力学理论（Socio – Dynamics Theory）、借助随机过程的数学分析方法并通过求极限获得变化速率、类比于生物群体动力学的 Logistic 方程（或 Lotka – Volterra 方程）、演化博弈理论（Evolutionary Game Theory）。

社会动力学理论是 Weidlich 首先提出的，他指出系统状态的演化方向取决于决策者对状态空间的一个效用排序，根据当前状态，借助转移率来确定整体上的演化方向。相关的应用主要是在社会学方面。这一方法的不足是不足以体现微观个体之间的竞争冲突问题，而本书要涉及的一些主题如战略联盟稳定性和知识共享问题等，都要受到个体之间的竞争行为的影响，因此利用该方法来研究此类问题不是很恰当。

第二种方法即借助数学分析方法并通过求极限而获得导数性质，典型应用有文献辛玉红（2008）、Hu 等（2007）、Xu 等（2005）。文献中，作者研究在时间经过微小变化后，状态会有微小变化，通过前后的差值与时间变化率进行比较并求极限，或者状态演化的动力学。但此方法的难点是研究状态变化与时间变化的关系问题，一般情形下很难得到好的结果。

第三种方法即基于生物进化的 Logistic 方程（或 Lotka – Volterra 方程）的建模思路，源于企业与生物界个体的相似性：没有一个企业可以脱离其他经济共同体而单独长期生存。企业在其特定的环境中，与外界进行物质、能量、信息和价值的交换，构成一个相互作用、共同发展的整体，这个共同体就是企业生态系统。可以说，在企业的发展过程中也要遵循"优胜劣汰、适者生存"等生态学的自然规律。因此，运用生态学的理论及思维方法分析和研究企业中的问题，即企业仿生化研究，具有重要的实践意义。基于生态学理论，生态系统内的生物个体、物种、种群、群落的内部以及它们之间、它们与环境的关系，既有竞争，又有协同。通常用协同动力学来分析种群之间的协同进化机制。为了分析管理问题中的协同进化现象，不少学者将协同动力学理论引入研究中。Logistic 方程主要用于描述物种对某共同资源的竞争关系，Lotka – Volterra 模型描述的是两物种本质上就是一种竞争关系。如 Lotka – Volterra 模型可用于股票市场分析，用于技术创新和产品扩散分析，用于研究组织理论如组织间知识获取与贡献分析等；Logistic 方程可应用于集群企业协同进化研究。

第四种方法是演化博弈理论。演化博弈理论是在博弈论的基础上发展起来的一个新的分支，近 20 年来在国内外得到了广泛关注和研究。传统的博弈论中将局中人视为理性人，解决博弈的纳什均衡精炼的方法是对理性进行各种各样的定义。这样，按照某个提出来的定义，某些纳什均衡由于不够理性就可以被剔除。但是，不同的博弈论专家提出的理性定义如此之多，使得纳什均衡定义的集合大得让人不知所措，最终按照某个精炼的标准，几乎任何纳什均衡都是合理的，自此传统的博弈论框架对纳什均衡精炼的求解趋于失败。而演化博弈论却提供了一个解决均衡选择问题的新思路：博弈所选择的均衡是达到均衡的均衡过程的函数。而对于这个达到均衡的均衡过程的描述框架就是演化博弈理论，其基本内容是由有限理性的博弈方组织的群体之间的反复博弈演化过程。

演化过程的两个基本要素：一是产生多样性的变异机制，二是偏向一些种类的选择机制。演化博弈论中的基本概念演化稳定策略（Evolutionarily Stable Strategy，ESS）强调的是变异机制，它也是标志演化博弈论正式标准化的开始。而对于后者，Taylor 和 Jonker 提出的复制者动态（Replicator Dynamics）是在演化博弈论中运用最为广泛的选择机制。在复制者动态方程中纯策略的增长率与相对支付或适应度（纯策略所获得的支付与群体的平均支付之差）成正比。复制者动态方程在经济和管理领域的应用广泛，学者们运用复制者动态方程对社会习俗、制度、行为规范等一系列社会经济问题进行了成功的研究。

虽然 21 世纪以来演化博弈的发展出现了一些新的思路，如关于演化稳定策略（ESS）的分歧问题，Josef Hofbauera 和 William H. Sandholmb 讨论了具有随机扰动得益情形的演化博弈问题。这些文献在理论上都对演化博弈论做了进一步的研究，其贡献是使得演化博弈论体系更加丰富并日趋完善。然而，关于分歧问题主要还是建立在确定性框架的基础上，没有针对含有随机扰动的博弈分歧问题即均衡策略的随机突变进行有效的研究。考虑到复制动态方程理论在研究微观个体之间冲突方面的优势，本书将以该理论为主要工具，建立企业组织宏观和中观层次上演化的动力学模型，同时以企业组织的演化问题为背景，利用随机突变理论研究含有随机扰动的复制动态方程动力学系统的随机分歧问题。

三、战略联盟稳定性研究评述

早期的企业战略研究，从波特基于 SWOT 模型的行业分析到 Hamel 和 Prahalad 的"核心竞争力"，不管是关注企业内部还是关注企业外部的，大多建立在竞争研究基础之上，主要都是强调企业间的竞争和竞争优势。然而从 20 世纪 90 年代起，随着技术的进步、经济全球化的发展和消费者需求的多样化，企业的生存环境和生存方式发生了巨大的变化，当今企业单靠自身的力量难以在发展中保持持久的优势，人们关注的焦点逐渐转向对企业间联合、合作和优势互补的分析研究。于是以合作为理念的一些新的组织形式得到了广泛的发展，如网络组织、虚拟企业、供应链和战略联盟等。尤其是以追求长期合作关系为理念的战略联盟，在近几年得到了迅猛的发展。这些组织内的成员企业通过良好的合作能够带来很多市场与科层组织所没有的价值，如减少信息不对称、优势互补以提高竞争力、降低企业风险、减少交易费用等。

然而遗憾的是，有学者对全球的战略联盟进行跟踪调查和统计后发现，过去20年来能够长期成功地保持稳定合作关系的战略联盟并不多见，30%~70%的联盟以非计划性地并购或者解体而告终。由此，理论界和实业界对战略联盟的关注点，由开始的动力、形式和竞争力以及价值创造等问题，转变为对联盟过程和生命周期的管理。研究的方式从开始的跟踪调查和统计，逐渐转为对不稳定原因的探析，再到最后的稳定性机制设计。现有的关于联盟不稳定性的概念，主要包括两个版本：一个是静态的和结果导向型的，认为不稳定的联盟是指那些非计划性地解体和被收购的；而另一个是动态的和过程导向型的，认为不稳定的联盟是指那些在运作过程中经常发生的协议变更和联盟结构的重新组合。

在解释为什么联盟从稳定的合作关系到最后演变为解体和失败的现象时，现有的研究视角一方面是从失败联盟与成功联盟（如 IBM – Sony – Toshiba 研发联盟与 Disney – McDonald's – Coca – Cola 市场营销联盟）的比较中得出一些导致联盟不稳定的因素；另一方面基于前一种逻辑，利用控制和激励机制来设计出较稳定的联盟并维持其稳定性。关于这两方面的研究，现在已经积累了大量的中外文献。现有的关于战略联盟稳定性研究的视角和理论主要包含关系契约理论和社会困境理论、资源基础理论、交易费用理论、博弈论、代理理论、过渡性理论和战略管理理论等。关系契约理论和社会困境理论强调伙伴关系之间难以建立信任是导致联盟不稳定的重要因素。资源基础理论指出当联盟成员将自己的两大核心资源（即专用型资源和专有性资源）投入到具有公共物品性质的联盟中时，会产生套牢效应和溢出效应，另外还会带来强大的竞争对手，从而导致资源困境，这一困境会动摇联盟的稳定性。而交易费用理论强调虽然联盟的存在会产生优势互补和提高竞争力的优势，但是联盟成员由于竞争和不信任会使得联盟运作过程产生内生的交易费用，内生交易费用的存在会削弱联盟稳定的基础。博弈论指出联盟成员在选择到底是合作还是竞争时，成员之间的交互关系实际上是一个囚徒困境，因为在不具备强制性约束的联盟中，企业之间本身是独立的。如果一方采取合作，而另一方不合作，会使得合作方产生额外的损失，因此合作并非是一个可信的具有预测效应的纳什均衡，这是构成联盟不稳定的内在本质原因。代理理论指出，在联盟中总是有一个充当管理者角色的联盟成员。在该成员委托其他成员完成联盟任务时，仅仅考虑自己的战略目标，而为了减少代理风险，该管理者成员总是试图将其他成员作为自己的附属品来进行控制，这种不公平的成员结构最终会导致联盟向收购的命运靠近。过渡性理论说明，联盟本质上是不稳定的，联盟演化的最终命运是不稳定，因而它仅仅是作为组织的一种过渡形式而暂时存在的。战略管理理论强调，战略目标的多样性，包括减少风险、获得技术优势和市场份额等，使得联盟的运作不切合实际，联盟不可能同时完成这些任务，因而不稳定是可预期的结果。

虽然现在已经积累了大量关于战略联盟稳定性问题的研究，然而仍然有许多不足之处，主要体现在如下几个方面：

（一）概念上的不一致性和不充分性

对于现有的关于联盟不稳定性的概念来说，静态的和结果导向型的版本，即联盟不稳定是指联盟非计划性地解体。这种定义体现不出稳定性的本质含义，它仅仅规定了联盟的一种状态——不稳定性，然而却没有说明稳定的联盟到底具有什么性质。系统论认为，一个系统具有稳定性，说明该系统具有抵抗外界干扰和恢复原来状态的能力，而这种能力是在动态过程中体现出来的。另外，过程导向型的版本也具有局限性，因为按照该定义，协议的重谈或者组织结构的变更即被视为不稳定的联盟，然而现实中，以追求长期合作为目标的战略联盟，由于每次合作的任务可能具有不同的特点，或者每次各个成员发挥的作用也不一致，这种协议的变更在现实中是很正常的，也是必须的，以这种标准来定义不稳定性，显然有失合理性。Jiang（2008）给出了一个基于过程导向型的、修正了的稳定性定义：某一联盟在有效而又和谐的伙伴间关系基础上成功运行和发展的可能性。这一概念说明稳定性的内涵是一个动态的、以过程为基础的、多维的结构，联盟稳定运作与发展的基础是有效而又协调的伙伴间关系的建立与发展，换句话说，联盟的稳定性概念主要是指联盟伙伴间关系的稳定性。然而该定义比较抽象，很难用具体指标对其直接度量，而这一缺陷也限制了其推广。

另外，现有的文献也经常将成功联盟与失败联盟和稳定联盟与不稳定联盟混淆在一起。联盟的成功与失败是相对于战略目标是否实现而言的，而联盟的稳定与否是相对于联盟合作关系的抗扰动性而言的，因此两者没有必然的联系。联盟的稳定性一定是联盟成功的充分条件，却不是必要条件，当战略目标完成后，联盟的自然解体仍然被视为成功的。从这个意义上来说，联盟的稳定与否这一课题主要是针对那种建立长期合作关系的联盟而言的，至于那种一次合作或者有限次合作的联盟只有成功与否的问题，不存在稳定性问题，因为稳定性是一个系统在长期演化过程中表现出来的系统性的特征。

鉴于上述分析，本书将从系统论的角度，对联盟稳定性进行重新定义。该定义明确地针对联盟的长期合作行为，指出稳定的联盟就是成员之间的稳定的合作行为。其优点是既能有效地反映稳定性的动态含义，又能通过具体指标来衡量。

（二）研究视角方面的缺陷

此方面的不足是过去研究中最大的缺陷。通过总结发现，大多数联盟研究不是集中在联盟最初稳定性机制设计方面而忽略了后续的演化命运，就是仅仅对最终联盟不稳定性这一状态的原因探析感兴趣。例如，Pekka 等（2006）运用层次分析法探讨了银行与保险公司之间的稳定联盟结构的问题，Zeng 等（2003）基于社会困境理论构建出了稳定联盟的社会学分析框架，Das 等（1998）提出了考虑环境变迁风险和内部合作风险的战略联盟稳定性分析框架。但是它们共同的缺陷是，都没有考虑联盟后续的演化过程和联盟最终命运即是否稳定的问题。而与之相对的一些文献，例如前述的基于资源基础理论、交易费用理论和博弈论等的研究，都是从各自的视角来单纯地分析最终导致联盟不稳定的因素问题，而对于为什么联盟起初能够有效地稳定运行一段时间的问题无法做出解释。

这两个视角都不能有效地解释现实中为什么很多最初具有稳定合作关系的战略联盟，在经过一段时间的演化后最终走向非计划性地突然解体（见图1-11）。

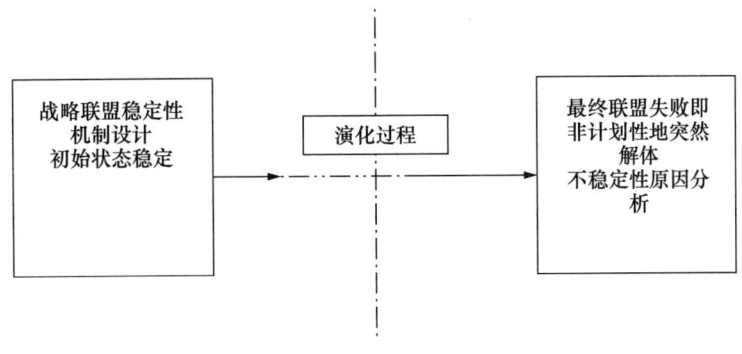

图1-11　战略联盟由最初的稳定状态演化为最终的解体

现有的文献将这两方面的问题孤立起来，而忽视了演化过程对联盟的影响。虽然有文献对联盟演化动力学从成员选择、协商、执行和结果评价四个阶段来分析影响联盟稳定和不稳定的因素，但是分析主要是基于描述性的，一是没有通过实证研究，二是没有找出从稳定到不稳定过渡的临界点环境。而以追求长期合作关系为目标的战略联盟，在演化过程中联盟的环境和内在特征也必然会发生改变，这种改变也会必然地作用于联盟的运作状态。这种相互作用会导致联盟最初具有的稳定合作关系，在经过一段时间的演化后最终走向非计划性地突然解体。针对这一问题，可以从突变理论的视角来进行考虑。突变理论是研究系统的均衡态随着控制参数的连续变化而发生突然离散变化的专有工具。联盟由一种均衡态即稳定到另一种均衡态即不稳定的离散变化，可以通过突变理论来进行有效的分析。因此，本书将从突变理论的视角来对战略联盟的演化进行分析，以期待得到对现实中为什么很多最初具有稳定合作关系的战略联盟，在经过一段时间的演化后最终走向非计划性地突然解体这一问题的良好答案。

（三）研究工具和理论集成方面的缺陷

战略联盟本身是一个典型的复杂系统，然而现有的研究中学者们总是试图借助单一的视角来分析其内部运作机理，这就造成了许多有差异甚至相互矛盾的研究结论。同时由于不能很好地吸收借鉴其他视角的研究成果，而导致现有研究结果不可累积且难以比较。然而这种现状本身是可以得到改善的，因为现有的视角虽然关注的内容不一样，但是主题都是联盟稳定性，只是侧重点不一致而已。因此，在建立战略联盟演化博弈模型时，其他理论的相关成果是可以借鉴的，方法是弱化其他视角下的矛盾，而强化本视角下所重视的矛盾。虽然有文献试图从哲学角度将若干视角集成在一起，分析了影响联盟稳定的三对张力：竞争与合作、长期与短期、柔性与刚性，但是由于量化的困难，使得结论总是很难具有指导性。

第一章 绪 论

博弈论作为一种策略互动的分析工具，可以有效地分析联盟成员之间的行为选择，而这种选择是影响联盟稳定的最重要因素。竞争与合作的平衡是联盟中各种矛盾力量平衡中最主要的一种平衡。因此，本书在对联盟演化动力学进行建模时，将以博弈理论为主要工具，而以其他理论得出的成果为辅助，综合以往研究成果并运用突变理论以求进行一个比较全面的分析。

四、团队知识共享行为研究评述

团队作为一种有效的管理模式已经在实践中得到了广泛采纳。在理论界，工业与组织心理学家面临的重要问题就是对影响团队运作的因素及其内在机制进行探讨。有关团队的研究其根本目的都是在组织中建构完善的团队管理机制，提高团队的有效性。

由高效的知识共享促进的知识积累和知识创造是竞争优势的根本来源。团队中的知识共享已越来越被认为是有效工作的基本前提，尤其是协同创新团队，如软件开发团队、高校科研团队、新能源协同创新团队等。

知识在合作组织间被搜寻、选择、存储、转移、传播、获取、消化、吸收、集成、利用、再创造，从而实现知识协同，其直接目的是知识共享和知识创新，从而为最终提高协同创新效率提供保障。

知识可以分为显性知识和隐性知识。1958年隐性知识首次由学者Michael Polany提出，它是高度个人化的知识，很难规范，也不容易传给他人，由那些难以掌握的所谓的诀窍构成。因此，隐性知识构成了个体的核心竞争力，成为知识共享管理中的重点。

然而，由于隐性知识的特性，隐性知识要实现共享，需要主体进行显性化处理，这一过程需要花费必要的时间和精力等，使得隐性知识的共享成本更高，同时相关的"搭便车"等机会主义行为更隐蔽、更难监督管理，从而难以实现有效共享，这也使得隐性知识共享成为了研究的一个难点问题。

现有的关于隐性知识共享的研究中，主要有如下几个议题：隐性知识共享的实现过程建模、主体隐性知识共享的动机分析、影响主体隐性知识共享的策略选择因素分析和隐性知识共享的激励管理设计等。而所采纳的研究范式主要有：案例分析、启发式研究、实证研究、数理建模和计算机仿真等。

通过总结发现，以往研究隐性知识共享行为激励规律时，主要的视角和工具还是基于静态的角度，这一框架使得在长期内研究上述关键因素与策略选择之间的演化规律变得不可能，尤其是对潜在非线性规律的探讨无从谈起。本研究认为，对演化过程中非线性规律的探讨有助于提高激励管理的有效性。因此，本研究的工作是在以往静态研究的基础上，探索动态非线性规律，借助这方面的结论来修正激励措施，以提高激励的有效性。这是因为优化一定是在演化约束下的优化，而演化是在一定优化条件下的演化，二者相辅相成，缺一不可。关于团队隐性知识共享的随机动态演化博弈的非线性机理的探讨主要包含两个方面：稳定性分析和突变性分析。稳定性分析主要是研究随着时间的演化，一些关键因素（如监督强度、惩罚强度等控制变量）满足什么条件时，才能使得"共享隐性知识"这一行为结果能够经受得住干扰，从而保持长期的共享行为。突变性分析主要是考虑随着时间的演化，上述关键因素也会发生变化（是时间变量的函数），而这一变化（主要是渐变或者连续变化）是否会导致共享行为的突变（离散的质变过程），即由共享突变为不共享。

按照系统科学理论，非线性突变现象是在自组织作用下由系统随着内外部环境参数的连续变化而导致的系统离散行为。研究这一现象的基本工具是突变理论，然而传统突变理论的研究对象是一个确定性的系统（系统的演化可以用一个常微分方程来表示），不考虑随机因素的影响。Cobb首先尝试了在不确定环境下分析系统（该系统可以通过一个随机微分方程来表示）突变机制的研究，并创立了随机突变理论。Cobb 把用于分析传统突变问题的势函数及其均衡点，发展成在不确定性系统中相应的极限概率密度函数和众数，借助这两个概念来分析突变机制。后来一批学者继续在理论上发展了相关的研究。目前，该理论广泛地应用于心理学、社会学、金融学、企业管理学等领域，用来分析随机系统的突变发生机制和风险评价问题。在知识共享系统中，有研究指出其存在着网络外部性现象，而网络外部性的存在会导致系统结构上不稳定性的存在（即突变），因此本研究借助随机突变理论来研究隐性知识共享系统的非线性突变机理有其现实基础。利用上述的定量建模方法得出一些定性的结论之后，对这些结论利用现有的实证研究结论、实践案例现象等方法来进行验证。倘若经过了验证，如前所述，优化一定是在演化约束下的优化，而演化是在一定优化条件下的演化，那么本研究将以上述演化过程为基本约束，构建隐性知识共享激励的实时随机最优化模型，开发出能为团队带来整体最大效益的激励优化方案，或者得出在主体最优决策思路下，系统达到均衡时要素之间相互关系方面的结论。此部分所用的基本工具是随机最优化理论。

知识经济时代，知识资源作为企业或者组织的核心资源，因其特有的性质（如内隐性、不可削减性、可扩张性等）可以为组织带来持久的竞争优势，因此组织会投入巨大的资源进行知识管理，包括建立知识管理系统等来有效地利用知识这一资源。而知识的有效利用不仅取决于技术层面上的因素，更为重要的是必须保证在组织内部实现有效的知识共享和知识转移。因此，在团队内部研究成员之间的知识共享问题对于提高团队的运作效率和竞争力具有重要意义。

现有的关于知识共享研究的文献已有很多，Wang 等（2010）做了一个经典性的综述。通过总结发现，现有的研究主题主要包括知识共享的效率促进问题和知识共享行为状态的稳定性控制问题。所用的方法主要有实证研究、计算机仿真和数学模型分析（主要指博弈模型）。例如，陈健等（2011）基于实证方法研究了知识共享的影响因素，齐源等（2011）利用合作博弈理论研究了知识共享的收益分配问题，Jing 等（2009）利用计算机多智能体仿真建立了知识共享行为管理的决策支持系统，而 Yang 等（2008）借助计算机仿真实验发现，群体之间的知识共享效率与成员的初始状态、群体的能力水平和激励方式有关，如针对每一次知识共享行为进行激励要比周期性地激励更能有效地促进知识共享行为的产生。

常涛和廖建桥（2008）研究了促进团队知识共享的激励机制，比较了传统的关注个人绩效的激励机制、直接针对知识共享行为进行激励和基于共享团队利益的激励机制的优劣。但是研究框架是一种静态博弈模型，而现在越来越多的团队理论模型都反映了一个潜在的共识：将团队视为复杂的、适应性的、动态的系统，因此模型有一定的局限性，不能有效地反映真实情况。对于知识共享动力学演化的问题，如孙锐等（2009）研究了联盟企业之间的知识共享问题，朱少英和齐二石（2009）研究了群体之间的知识共享问题，但是，一方面，研究中没有涉及管理者激励机制对知识共享行为演化的影响分析；另一方面，动力学演化关注的问题主要是均衡态的稳定性控制问题，同时现有模型大都是在确定性的环境下建立的基于常微分方程的确定性模型。而团队复杂性的体现，如不确定性因素的干扰和演化过程中均衡态的突变性问题在国内外研究中少有提及，同时知识资源的特性——隐匿性并没有在模型中得到体现，知识的隐匿性反映到员工知识共享行为上，表现为知识共享行为的机会主义并不能总是被发现，而现有的文献却忽略了这一问题的本质特征。研究团队知识共享行为突变性问题的意义，主要是随着团队成员交互行为的不断进行，一些参数如关于团队激励机制的、关于成员之间交互属性的和关于成员自身素质的必然会发生改变，而对于突变性问题的研究主要是探讨这些因素的连续变化是否造成团队知识共享行为整体上发生离散变化即突变行为。相比单纯地管理"不共享知识行为",预测和管理由共享到不共享的突变更具有挑战性。丁长青和崔鑫(2011)初步研究了知识共享动力学的相变问题,但是势函数的获得缺乏理论依据,并且分析都是定性的,没有得出一些定量的结论,缺乏对管理的指导意义。

本书将借助演化博弈论探讨团队成员知识共享行为的动力学机制,并且假设这种演化行为总是受不确定性因素的干扰,从而引入随机因素将原来的确定性的动力学机制扩展为随机动力系统,然后借助最新出现的随机突变理论探讨团队知识共享行为的突变问题,期待得出一些对突变管理具有实践指导意义的定量结论。

五、员工心理契约研究评述

我国是一个人口大国,人力资源占据着充分的优势地位,而这种地位又往往使得部分企业过分地依赖这种劳动力低成本优势,而忽视了对员工内在需求和期望的关注。对员工关注不足,会使得员工与企业之间的心理契约关系受到影响,导致心理契约的破坏,从而引发各种不良后果。

心理契约是20世纪60年代被引入管理领域的,在其发展的过程中形成了广义心理契约和狭义心理契约两种概念。早期的学者如Argyris、Levinson、Kotter等更倾向于对广义概念的认可,他们均认为心理契约是雇佣双方(组织与员工)对于相互之间责任和义务的期望,它包括两个水平,一个是个体水平,即员工个体(或雇员)对于相互责任的期望;另一个是组织水平,即组织(或雇主)对于相互责任的期望。然而,实践中在组织水平上如何确定对心理契约的测量一直存在着争论,到底经由什么人和什么事来确定心理契约的水平一直未获得统一的认识。心理契约理论在其定义上的争议和操作上的困难制约了其实证研究的发展。

20世纪80年代末,针对当时心理契约存在的问题与争议,Rousseau等(1989)在相关研究的基础上提出了狭义上的心理契约定义。Rousseau认为,作为契约一方的组织,并不具备构建心理契约的认知加工过程。对心理契约的测量,应该从员工的角度出发,即在组织与员工互动的环境下,心理契约是员工对于相互责任与义务的信念系统,这包括员工感知到的"组织对其承担的责任"(简称"组织责任",例如,提供稳定的工作和充分的福利以及公平公正的公司环境等)和"其对组织承担的责任"(简称"员工责任",例如,尽心尽力地工作、对组织忠诚等)。这一定义使得对心理契约的定义从传统的两个角度(即员工和组织)的双边关系转到单一视角(员工)的单边关系上。此定义内容明确,结构简单,便于测量,有利于问卷调查的操作,有效地推动了心理契约实证研究的发展。后来的关于心理契约的实证研究大都是在此框架下进行的。

心理契约是理解管理者—员工关系最重要和最频繁的工具之一,在实践中得到了广泛的关注,尤其是Rousseau提供了狭义定义之后而其中心理契约破坏这一现象是被研究最多的主题。心理契约破坏是员工对组织未能完成在心理契约中所承担责任的认识和评价。实证研究已经表明,心理契约破坏会对员工的情感、态度和行为产生负面影响,因此成为心理契约研究领域的重要课题。研究者对心理契约破坏的前因变量以及破坏与结果的调节变量问题进行了大量探讨,然而如何有效预防破坏的产生一直是一个没有得到有效研究的课题。一些学者(包括Rousseau、Robinson和Conway)通过研究一致认为心理契约破坏与心理契约建立的转换过程并非像很多实证研究(Lambert,2003)所认为的是一个线性可逆过程。在以往的研究中,心理契约破坏被认为是心理契约建立的对立面:心理契约没有建立或者不完全建立,心理契约一旦破坏,就很难重新建立起来,或者说由于彼此信任和尊重的破坏,需要更多努力才能重新建立起有效的心理契约水平。这一关于心理契约研究的发现类似于对信任的研究,而不是像术语公平等方面的研究。管理者对员工采取一定程度的激励,可以使员工保持心理契约建立的状态,但是一旦破坏后,即使在当前激励程度下,员工的心理契约依然会处于破坏状态。Conway(2011)通过纵向实证研究发现,虽然心理契约建立与心理契约破坏是一个连续性的过程,但是同样程度的心理契约建立与心理契约破坏,心理契约破坏对员工造成的影响更深,员工心理契约破坏的发生表现了一种突变性。

有了上述理论依据,心理契约破坏的内在机制这一"黑箱"可以由非线性动力学概念——突变理论来揭开。因为三类现象正对应于突变模型中的滞后、双模态和突跳现象,它们是突变模型所独有的,而传统的数学模型无法有效地对它们进行解释。突变理论分为经典突变理论(Element Catastrophe Theory,ECT)和随机突变理论(Stochastic Catastrophe Theory,SCT),它们都是用来描述系统行为的"均衡性质"随着参数的连续变化而发生意外的不连续变化的工具。SCT的研究对象是以随机微分方程所表示的系统,它用来描述和解释反映随机扰动系统"均衡性质"的众数突变。在实际中员工心理契约水平的变化总是会经受一定的不确定性的扰动(可以来自主观因素,也可以来自客观因素),因此,本书运用SCT分析心理契约建立——破坏的内在突变机制,为预测破坏的发生提供理论依据。

六、员工组织承诺研究评述

知识型人才是企业的核心竞争力,同时知识也是员工自己的核心竞争力,随着人才需求的日益增长,知识型员工会面临更多的选择机会。而对于企业来说,知识型员工的离职率较高、跳槽现象普遍已成为困扰大多数高科技企业的一道难题。组织承诺是员工对外界感知和行为之间的一个关键变量,因为组织承诺比工作满意度更能稳定地预测员工在组织中的离职和旷工等行为,所以它成为了人力资源领域的一个重要研究对象。

组织承诺是指随着员工对组织时间、精力、感情等付出的增加，而希望继续留在组织中的一种心理现象，是促使员工持续其职业行为的心理契约。现有文献中，研究者一方面从静态角度对其概念和内涵的演进、结构进行探索，另一方面从动态角度考察影响其形成的前因变量和效标变量。对于前者，早期研究注重单因素观点，Poter（1982）将组织承诺定义为个体对组织的投入与认同程度。后来发展出了多维模型，例如，Meyer 和 Allen（1991）提出组织承诺的三维结构理论，他们认为组织承诺包含感情承诺、连续承诺和规范承诺。这一观点认为员工之所以留在组织中，可能有三个层面的原因，即或者是他们心甘情愿（情感承诺），或者是有所目的（继续承诺），或是感到必须如此（规范承诺）。此三因素理论在实践中得到了广泛的应用。而我国学者凌文铨等（2000）结合中国具体的管理实践，认为组织承诺是员工留在组织中的原因，在此基础上提出了五因素理论，认为对于中国的员工而言，存在着五类组织承诺：感情承诺、规范承诺、理想承诺、经济承诺和机会承诺。不过从总体上来看，三因素理论在研究中得到了最广泛的认可和应用。

在动态考察组织承诺的研究方面，一是关于其形成的前因变量的研究，如Steers（1977）提出了一个预测模型，指出前因变量包含三个方面：个人特征、工作特性和工作经验，而最近的研究指出三个变量主要通过工作满意度和组织支持两个中间变量来影响组织承诺的形成。二是关于其影响的一些结果变量的研究。现有文献已经指出，组织承诺能够很好地预测工作努力度、离职率、组织公民行为、缺勤率和工作绩效等态度和行为变量。

虽然研究者对影响组织承诺形成的前因变量及其结果变量进行了大量研究，但是对于组织承诺演化的内在动力学这一"黑箱"的研究还比较少。员工的组织承诺随着时间演化的规律到底是什么？这个问题虽然已经由来已久，但是总是没有得到有效的解答。另外，很多学者如 Rousseau、Robinson 等通过实证研究也发现，一旦承诺被破坏就很难恢复（即滞后性），即使激励程度达到最初状态，承诺也可能处于破坏状态（反映了双模态）。作为一种特殊的心理契约，组织承诺的建立与破坏并非简单的线性和可逆过程，与信任研究相似，承诺的建立是逐步的，但是破坏表现出了一种突变性。传统的数学模型无法定量解释上述特征，实证研究中的相关性分析也无法解释此类现象的内在机理，而它们恰恰与尖点突变模型是一致的，因此本书借助尖点突变理论，针对组织承诺的动力学特征即滞后、双模态和突变等进行系统的研究，以完善关于组织承诺动力学的研究。

第三节　研究方法、研究内容及章节安排

本书采用描述型研究，以说明企业组织在演化过程中，随着内外部环境不断改变而出现了的某些行为状态发生突变的问题；采用解释型研究，以分析其出现的内部原因；采用规范型研究，以提出模型，分析其突变发生的内在机理，并给出相应的解决问题的办法。将理论分析与数值实验的形象展示相结合，将数学、管理学、心理学、经济学和系统科学等学科进行交叉，同时将组织的演化分为三个层次，这样借助于同一套理论具体问题具体分析，以求探寻与具体问题背景相适应的组织突变的管理方法。

一、研究方法

本书针对三个层次上的组织演化问题，即宏观上的战略联盟竞合行为演化、中观上的团队知识共享演化和微观上的员工心理契约及组

织承诺的演化动力学,通过收集文献和对实际问题进行分析,提炼具体的突变问题。通过搜集和整理与随机突变理论相关的国内外文献(主要是国外的),对理论内容进行深入研究,并总结出随机突变理论应用的两种方式。在此基础上,为了使问题与工具两者得到有效的结合,一方面借助系统演化动力学建立的相关理论即演化博弈论;另一方面对实际数据进行调研,对搜集到的数据进行统计处理。通过此环节生成突变模型,然后运用随机突变理论对模型进行分析。这样可以解释与归纳实际中存在的离散突变问题,也可以提炼出潜在的与问题相关的演化突变规律,为解释、预测和控制突变的发生提供依据。

图 1-12 为研究思路。其中每一个图块表示研究的工作步骤,实线箭头表示各内容的依赖关系。

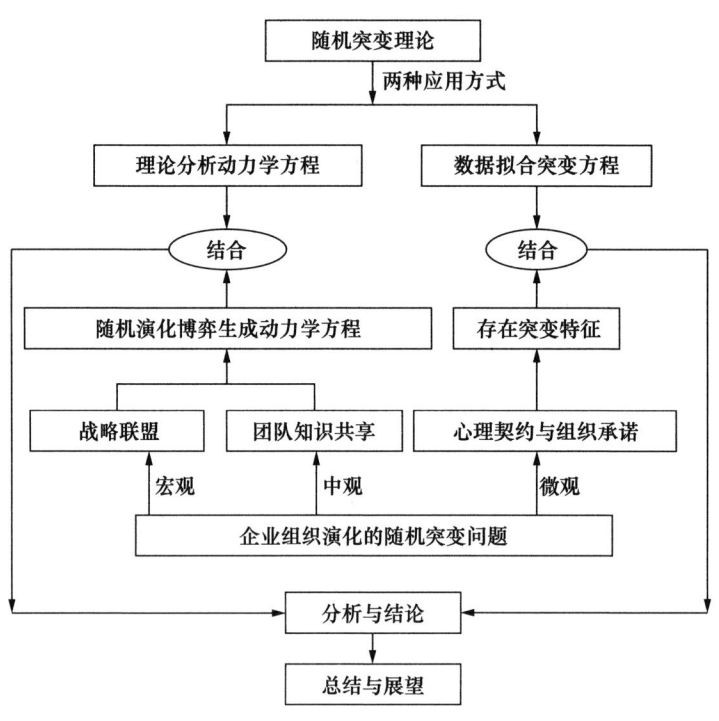

图 1-12 研究思路

二、研究内容

本书的主要研究内容包括：战略联盟成员竞争与合作行为演化的随机突变分析（即组织的宏观层面上演化的随机突变研究）、团队知识共享行为演化的随机突变分析（即组织的中观层面上演化的随机突变研究）和员工心理契约与组织承诺演化的随机突变分析（即组织的微观层面上演化的随机突变研究）。具体的研究内容描述如下：

（一）战略联盟成员竞争与合作行为演化的随机突变分析

战略联盟这一组织的优势与价值使得其得到了广泛的关注，然而在实际中，很多联盟最终走向意外的解体。针对这一现象，现有的研究视角大都是建立在稳定性或者不稳定性分析的基础上的，这一视角有其不足，它将开始时的稳定性与最终的不稳定结局割裂开来，从而无法真正全面分析联盟演化的命运走势。为了将两者统一起来，本书尝试运用随机突变理论来重新思考联盟的演化问题。考虑是否由于联盟运行的内外部环境的连续变化达到一定的阈值，而导致联盟行为的突变，即由原来的稳定到不稳定的离散过渡。同时针对关键阈值运用突变理论的相关内容给出界定，研究的最终目的是解释或者预测战略联盟行为演化的结局。

（二）团队知识共享行为演化的随机突变分析

群体演化行为不仅存在于宏观上的组织之间，而且存在于企业组织内部员工之间，其中的典型是团队成员之间的知识共享演化行为。虽然同是群体，而且演化具有一定的相似性，但是相比于前者，后者更具有可控性，因此也有其自身的特点。同时在知识时代，研究员工之间的知识共享行为本身也具有其重要性。一方面，研究对知识共享行为的激励问题能够为企业带来持久的竞争力；另一方面，由于知识的隐匿性，使得对共享行为的管理具有很多困难，所以保持共享行为要比管理不共享行为显得更加积极和重要。从这一意义上来说，研究团队成员之间随着环境的不断变化而带来的由共享到不共享（或者相反）的内部演化机制，就可以为有效地激励共享行为或者预测不共享行为提供理论支持。为达到这一目的，本书要做两项研究：一是给出团队对知识共享的演化机制；二是研究这种演化机制的突变性问题。

（三）员工心理契约与组织承诺演化的随机突变分析

心理契约和组织承诺的前因变量和效标变量在实证分析中都得到了大量研究。然而两者的演化动力学问题虽然在学术界早已提出，却仍然没有得到有效的解答。而最新的实证研究指出，两者的动力学演化均表现出了滞后、双模态和突跳等特征。虽然研究中没有用突变理论中的一些术语，但是得出的结论与三大特征一致。然而实证研究只是发现了这些特征的存在，却对为什么会出现及其内部机理并没有进行有效的研究。另外，三类特征是典型的尖点突变模型所独有的（可行性），这为用尖点突变模型来描述心理契约和组织承诺的演化动力学提供了有效的保障，而这也是本书的工作。在方法的运用上，由于心理学上的变量演化动力学很难获得，为了解决这一问题，将应用专门针对尖点突变模型拟合估计的软件——Cuspfit 软件，对实证调研到的数据进行统计拟合，在此环节的基础上获得具有最优匹配的尖点突变方程，然后进行非线性突变分析。

三、章节安排

本书的章节安排以随机突变理论在企业组织演化中的应用为主线。因此，首先全面阐述随机突变理论的内容及其应用方式，然后使用其他一些理论知识促使随机突变理论与问题背景相结合，分别讨论了宏观、中观、微观层次上企业组织演化的动力学突变特征。本书共分为六章，章节安排如图 1-13 所示，其中实线框表示具体章节，虚线框表示辅助解释，箭头表示前后的逻辑关系。

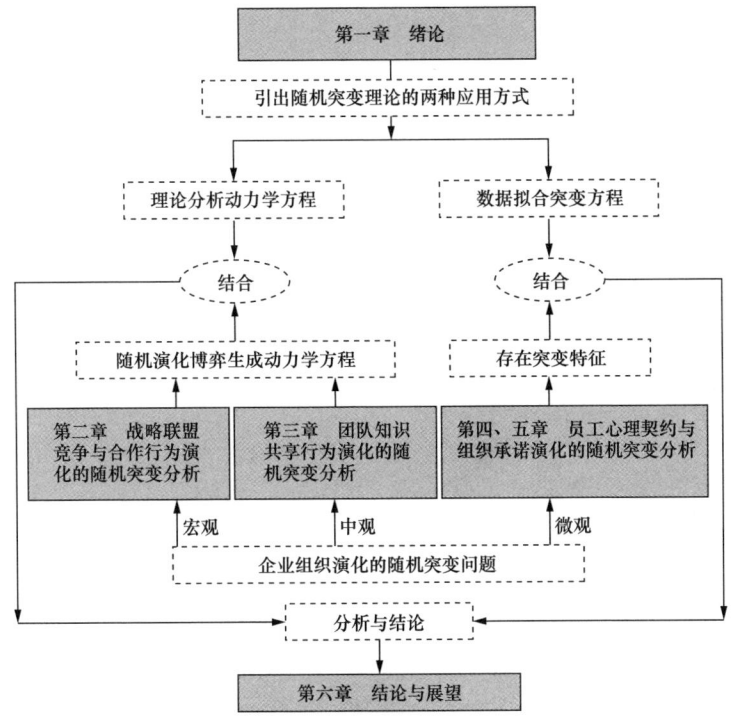

图 1-13　本书章节结构

第一章是绪论。对选题的来源、目的和意义进行阐述，对本书中涉及的问题和理论工具的国内外相关研究进行评述，其中着重介绍了随机突变理论的相关知识，包括随机突变理论的理论内容和应用方式等，为后面的问题研究提供方便，最后对全书工作进行概括性的说明。

第二章研究宏观层次上企业组织演化的突变问题，即战略联盟竞争与合作行为演化的随机突变分析。其基本思路是运用第一章中提及的随机突变理论的两种应用方式之一，即直接分析联盟系统演化的随机动力学方程。而借助的基础工具是演化博弈理论，它可以有效地建立起战略联盟成员竞争与合作策略的演化动力学，并同时引入了高斯白噪声来反映演化受到的随机干扰。另外，比较了突变思路与传统的稳定性思路在解释战略联盟生命周期时的不同（即本方法的优势），与此同时，模型中引入了公平效用，说明该因素可以在一定程度上解决联盟中的囚徒困境。

第三章研究中观层次上企业组织演化的突变问题，即团队成员知识共享行为演化的随机突变分析。与第二章的群体演化行为不同，组织内部的群体更具有可控性，可以引入更多的管理激励机制，同时知识具有隐匿性，使得拥有知识资源的员工在进行知识共享决策时也具有隐匿性，因此引入监督机制、惩罚机制和惩罚所得分摊机制等。针对策略演化过程利用随机演化博弈理论建立含有扰动效应的随机动力学模型。模型中涉及三类控制参数：关于知识的、关于员工的和关于管理者的。针对动力学模型和三类参数，借助随机突变理论，同样是采取直接对动力学方程进行突变分析的方法，研究三类参数的连续变化是否会导致知识共享行为突变的发生。找到与突变行为相关的实质性变量及其相应的突变集合，这就为预测和防止由共享到不共享行为突变的发生提供了依据，同时也可以根据分析结论改变参数来促使有益的共享突变的发生。

第四、第五章研究微观层次上企业组织演化的突变问题，即员工心理契约和组织承诺演化的随机突变分析。两者相关的实证研究指出了突变特征的存在性，这为用尖点突变模型来描述其动力学的演化以及进行突变分析这一工作提供了保障。而进行突变分析的关键前提是对对象的突变动力学演化方程的获取，这对于心理学变量心理契约和组织承诺来说，利用传统的方法来研究比较困难。因此，对两类系统的动力学探讨，采用随机突变理论的另外一种应用方式，即尖点突变模型的统计拟合方法。根据该方法的基本原理，对于心理契约和组织承诺分别以人格和组织氛围为独立控制变量、以工作满意度和组织支持为独立控制变量，通过在若干公司中调研得到的数据，利用专门的拟合软件 Cuspfit 软件拟合出相应的尖点突变模型，然后借助随机突变理论对该模型进行突变特征的分析。这样，一方面可以解释与检验实证研究中得到的一些结论；另一方面对心理契约和组织承诺的动力学演化这一"黑箱"进行系统的突变分析。

第六章为结论与展望。总结全书所做工作，描述其中研究的不足，也对后续的研究工作进行了展望。

第二章 战略联盟竞争与合作行为演化的随机突变分析

本章以宏观上战略联盟内部成员之间博弈策略的演化过程为问题背景,通过演化博弈论建立起含有白噪声扰动效应的成员之间策略互动的演化动力学,然后借助随机突变理论来分析该动力学,通过这种分析期望能够从一个全新的视角解释为什么现实中战略联盟大都从最初的合作稳定性状态到最终突然过渡到联盟的解体,以及分析这种变化的内在机制,从而能够设计有效的管理机制来维护联盟运作的合作稳定性。

第一节 问题的引入

战略联盟的不稳定性问题最早由 Franko 从 1971 年开始揭示,然而直到 20 世纪 90 年代,战略联盟的不稳定性问题才得到理论界的真正关注。战略联盟虽然有很多的优点,但是从建立之初,它却一直受到不稳定性问题的困扰,从而使得其效率大打折扣。有文献对全球联盟进行了跟踪,结果证明大约只有 30% 的联盟最终取得了成功,大部分以失败而告终。这种尴尬的结果引起了理论界和实践者对联盟稳定性问题的关注。

到目前为止已经积累了不少相关国内外的文献，所用的理论工具主要包含资源基础理论、代理理论、过渡性理论、战略理论、交易费用理论、社会困境理论和博弈理论等。研究的视角也从最初的跟踪调查转变为不稳定原因分析，再到最后的稳定性机制构建。虽然如此，但是现有的研究仍然具有一定的不足。首先，稳定性概念界定上的模糊性。到目前为止，理论界还没有给出既精确又具有可操作性的稳定性概念，而战略联盟作为一个动态演化的组织，动态稳定性的概念要比静态稳定性的概念更具有合理性，同时稳定性的抗干扰能力的内涵在现有的概念中并没有得到有效体现。其次，现有的研究在理论工具集成方面有明显的不足，在建模过程中过度依赖于单一理论来进行解释。而战略联盟作为一个复杂系统，需要利用各种理论工具来进行多角度的研究。最后，也是最为主要的，就是研究思路上的缺陷。大多数联盟研究不是集中在联盟最初稳定性机制设计方面而忽略了后续的演化命运，就是仅仅对最终联盟不稳定性这一状态的原因探析感兴趣。这两个视角都不能有效地解释现实中为什么很多最初具有稳定合作关系的战略联盟，在经过一段时间的演化后最终走向非计划性地突然解体。针对这一问题，可以从突变理论的视角来进行考虑。突变理论是研究系统的均衡状态随着系统控制参数的连续变化而发生突然离散变化的专有工具。联盟由一种均衡态（即稳定的合作）到另一种均衡态（即不稳定的合作）的离散变化，可以通过突变理论来进行有效的分析。因此，本书将从突变理论的视角来对战略联盟的演化进行分析，以期待得到对现实中为什么很多最初具有稳定合作关系的战略联盟，在经过一段时间的演化后最终走向非计划性地突然解体这一问题的答案。

第二节　基本假设

每一种类型的联盟都有其特性，而这种特性又会影响联盟未来的发展与稳定性。同时，不同的联盟，其结构和运作本身也很复杂，没有一定的限制和约束，不可能去详细有效地进行研究。为此，本小节对研究对象和相应的研究问题进行一些假设说明。

一般而言，企业间联盟按照不同的分类方法可以划分出不同的联盟。如价格联盟、产品联盟和知识联盟是按照目标取向来划分的；而按照参与程度，可以划分为股权联盟和非股权联盟；按照价值链环节，可以划分为生产、研发和营销等联盟。由于在股权联盟中，企业成员的决策独立性受到一定的影响，因此本书考虑的是成员之间本质独立的以协议为基础的非股权联盟，至于属于哪个目标取向和哪个价值链环节则不必限制。在结构上，本书考虑由多成员组成的均势联盟。之所以选择此类联盟是因为：一方面，现有文献指出增加联盟中专业化模式相同的成员的人数以及成员之间的平等地位这一特性可以有效地防范联盟成员之间的合作风险；另一方面，现有文献中所提出的维持联盟合作稳定的惩罚机制在此类联盟中具有可操作性和可信性，而不是一个不可信的口头威胁。

针对本书所研究的联盟，所考虑的问题是分析为什么现实中战略联盟大多从最初的合作稳定性状态到最终突然过渡到联盟的解体，以及分析这种变化的内在机制。为此就要分析问题产生的背景或者问题出现的条件。首先对于联盟内的成员来说，假设都是风险厌恶者，对于市场上潜在的不确定性有天生的排斥心理，因此对于他们来说，不存在进入或者不进入联盟进行合作的问题，他们总是倾向于留在联盟

（这同时也说明没有新成员的加入），问题的关键只是在联盟内交互时策略的选择对稳定合作关系的影响。其次考虑多个企业组成联盟后维持联盟稳定合作关系的问题。对于这一问题我们做如下三个假设：①假设联盟成员对于联盟的收益分红通过合作博弈等相关理论得到了有效的解决；②对于在资源基础理论中所提及的影响联盟稳定合作的两大效应即溢出效应和套牢效应，我们假设也可以通过现有的一些举措如模块化处理和互派董事等监督机制来得到有效解决；③对于每一个联盟成员，我们都假定存在潜在的机会主义倾向，他们会因为目光短浅而追求眼前的利益，从而采取背叛其他成员的策略，从这一点来说，这也是影响联盟稳定合作关系的最关键因素。

对于联盟稳定性和不稳定性概念的界定，采取如下原则：联盟稳定性的本质就是联盟成员之间合作关系的稳定性。这样，对于不稳定性的概念我们可以参照 Inkpen 和 Beamish（1997）给出的定义，即联盟不稳定就是指联盟非计划性地意外解体。对于稳定性的概念，主要参照系统论中的解释，说明稳定性主要是指联盟合作关系抵抗外界干扰以及恢复到原来状态的能力，是一种动态的稳定性。联盟的稳定性反映的是一种动态性能，而且本书研究的主题也是解释为什么很多最初具有稳定合作关系的战略联盟，在经过一段时间的演化后最终走向非计划性地突然解体这一现象，因此对于联盟运作的考察需要从演化的视角进行。本书接下来就是探讨战略联盟演化的动力学模型的构建问题。

第三节　数学模型

企业之间竞争与合作方面的平衡是联盟各种矛盾力量平衡中最重要的一种，而研究个体之间的竞争与合作关系的最有力工具就是博弈论，因此本书对联盟行为演化的分析将从微观个体之间的博弈入手。

由于战略联盟是一个具有长期合作关系的企业组织，在联盟生命周期内企业之间会存在反复的多期博弈行为。而在每一期交互中，按照上述假设，每一个企业在短视属性和追求自己的利益最大化的动机下都存在机会主义背叛倾向。联盟为了追求稳定的合作关系，在洽谈协商阶段会达成一致，除了使用一些软性管理（例如，通过跨文化交流、遵守惯例和自律来增加彼此的信任）外，还会采取一些硬性管理如事后惩罚机制等（而前文中假设的多成员的均势联盟也能保证这一机制得到有效执行）。这样，对于联盟内成员之间的每一次交互，我们假设成员拥有相同的策略集合 S = {维护协议，背叛协议}，给出如表 2-1 所示的博弈情形，其中局中人 Player 1 和 Player 2 是联盟内有机会一起交互的任意两个个体成员。向量组合 {a-b, a-b}、{a-c, d-δ}、{d-δ, a-c} 和 {0, 0} 分别代表了 Player 1 和 Player 2 在不同情形下的支付收益。其中，a 表示在遵守协议的情形下通过合作而获得的总收益；b 表示合作的成本包括沟通协调成本；c 表示对方在背叛的情形下，为了完成任务而遭受的额外的总损失；d 表示采取机会主义背叛行为时，在本期获得的超额收益；δ 表示协议内容中所表示的对背叛行为的惩罚力度，这种惩罚可以包含经济上的惩罚和社会名声或者口碑上的惩罚。由于本书所研究的是由地位均等的成员组成的均势联盟，所以说局中人在这个意义上是同质的，因此反映在表 2-1 中，即矩阵是对称的。

表 2-1 联盟成员之间的 t 期博弈矩阵

Player 1 \ Player 2	维护协议	背叛协议
维护协议	a-b, a-b	a-c, d-δ
背叛协议	d-δ, a-c	0, 0

一、公平效用函数的引入

按照社会困境理论,联盟成员之间的信任是有效解决联盟稳定性的关键因素。提高信任水平是一个复杂的心理过程,而公平感和集体效能感等因素又是最重要的。遗憾的是,现有的文献研究中还没有涉及如何借助公平感来有效地提升信任水平,从而有效地解决联盟的稳定性问题。本部分尝试通过引入公平效用函数来反映公平感对联盟运作的影响效果。

Ernst 和 Schmidt 在 1999 年提出了一个在统一框架下研究公平和自利行为的模型。在模型中,他们假设个体是厌恶不公平的,当他们的收益少于或者多于他人的收益时,他们会感到不公平。前景理论(Prospect Theory)中的一个重要思想是参照依赖,而个体的这种不公平感的产生所依赖的参照点恰是对方的得益,由此,他们得到一个效用函数如下:

$$U_i(x) = x_i - \alpha_i \frac{1}{n-1} \sum_{j \neq i} \max(x_j - x_i, 0) - \beta_i \frac{1}{n-1} \sum_{j \neq i} \max(x_i - x_j, 0)$$

$$(2-1)$$

其中,n 表示行为个体的数量;U_i 表示第 i 个个体的效用水平,$i \in \{1, 2, 3, \cdots, n\}$;$x_i$ 表示第 i 个人的货币收益;$\alpha_i \geq \beta_i$ 且 $0 \leq \beta_i < 1$,两类参数反映了个体对公平的感知系数,其中 α_i 反映了个体得益少于对方时所带来的主观负效用程度,而 β_i 是对方得益偏少时所可能带来的内疚感等。效用函数(2-1)的特点是,它不仅包含传统的货币收益,而且包含了自己与他人的收益差距,可以度量由不公平所减少的效用。

如果我们将上述思想引入联盟成员的博弈问题中,那么相应地表 2-1 将变成表 2-2。

表2-2 改进型的联盟成员之间的 t 期博弈矩阵

Player 1 \ Player 2	维护协议	背叛协议
维护协议	a-b, a-b	f(a, c, d, δ), g(a, c, d, δ)
背叛协议	g(a, c, d, δ), f(a, c, d, δ)	0, 0

其中：

$f(a, c, d, \delta) = a - c - \alpha_1 \max(d - \delta - a + c, 0) - \beta_1 \max(a - c - d + \delta, 0)$

$g(a, c, d, \delta) = d - \delta - \alpha_2 \max(a - c - d + \delta, 0) - \beta_2 \max(d - \delta - a + c, 0)$

二、确定性演化动力学模型的构建

接下来考虑的重点是随着时间的推进，联盟行为总体表现的演化动力学，而这关键取决于联盟成员的决策机制和理性层次。在实际场景中，联盟的发展是一个学习和演化的过程，属于进化博弈过程，是有限理性群体进行重复博弈、相互学习、不断演化的过程。博弈的均衡解并非在博弈的开始就能为局中人所发现，而是在后期的学习和模仿中获得。之所以说联盟内成员的决策是有限理性的，是因为有文献指出联盟成员在做决策时会面临三大困境：竞争与合作、长期与短期、柔性与刚性。由于本书的联盟构成是多成员的，因此可以考虑一种大群体、理性层级较低和向群体学习的算法，即复制动态方程来描述其演化过程。具体建模过程如下：

我们假设联盟成员在 t 期合作过程中，联盟成员中采取背叛的比例为 x(t)，其中 x(t) ∈ [0, 1]，则采取维护联盟的成员的比例是 1 - x(t)。这样对于每一个成员，在下一期采取维护策略和背叛策略的期望得益 u_M、u_B 分别为：

$u_M = (a-b) \cdot [1-x(t)] + f(a, c, d, \delta) \cdot x(t) = (f(a, c, d, \delta) + b - a) \cdot x(t) + a - b$ (2-2)

$u_B = g(a, c, d, \delta) \cdot [1-x(t)]$ (2-3)

那么联盟在下一期时的整体支付得益可以表示为：

$\bar{u} = u_M \cdot [1-x(t)] + u_B \cdot x(t)$ (2-4)

而对于联盟的状态指标 x(t) 的动力学演化，根据上述假设可以采用如下复制动态方程来描述：

$dx(t) = x(t) \cdot (u_B - \bar{u})dt = [Ax^3(t) + Bx^2(t) + Cx(t)]dt$ (2-5)

其中：

$$\begin{cases} A = b - a + f(a, c, d, \delta) + g(a, c, d, \delta) \\ B = 2a - 2b - 2g(a, c, d, \delta) - f(a, c, d, \delta) \\ C = g(a, c, d, \delta) + b - a \end{cases}$$ (2-5′)

如果令：

$y = x - (1-x) = 2x - 1 \quad y \in [-1, 1]$ (2-6)

那么：

$dy(t) = 2dx(t) = \left[\dfrac{A}{4}y^3(t) + \left(\dfrac{3A}{4} + \dfrac{B}{2}\right)y^2(t) + \left(\dfrac{3A}{4} + B + C\right)y(t) + \dfrac{A}{4} + \dfrac{B}{2} + C\right]dt$ (2-7)

三、含有白噪声扰动效应的战略联盟竞合行为的演化模型

式（2-5）与式（2-7）所表达的含义在本质上是等价的，而式（2-6）的变换纯属数学上的需要，是为了在最后模拟效果时更加明显。式（2-5）的两个均衡态即 x=1、x=0 分别意味着联盟处于解体和合作状态，而两类均衡态的稳定性也分别代表着联盟合作是稳定还是不稳定的。原则上也可以借助经典突变理论来研究式（2-5）与式（2-7）的均衡态的分歧问题，这可以用来解释联盟在演化过程中为什么从最初的合作稳定均衡态到背叛均衡态的离散过渡。但是，单纯

地采用这一方法会忽视系统所受到的不确定性干扰的影响。战略联盟的演化是一个复杂过程，在成员博弈过程中，博弈的结局或者演化过程必然会受到各种外界的不可预知的随机干扰。其来源有很多，从人群工作互动角度来看战略联盟成员行为的演化问题，首先，成员本身具有的因素包括个体风险偏好和性格的不可预测的变化会直接影响成员行为；其次，联盟业务完成情况和工作预期的对比也会事后影响成员行为的改变，例如，对比度越大成员越容易背叛协议，反之越有利于协议的维护；再次，外部环境条件变化的干扰，如在联盟之外，可能会有暂时的回报丰厚的额外业务，追求短期利益的某些成员会奉行机会主义，从而对联盟的稳定性造成不利影响；最后，企业所处的政治、经济、文化条件的变化也会影响联盟成员策略的选择。总之，联盟所处环境充满了不确定性，其演化过程也必然表现为不确定性，联盟演化的结果不仅受到上述模型中控制参数的影响，也会受到不确定性风险的影响。

由此说明，不确定风险对联盟运作带来的影响不可忽视，但是它又难以描述：一是由于影响来源很多；二是对内在的影响机制难以把握。这样，为了描述这种扰动效应，我们可以对式（2-7）引入一个白噪声扰动，从而生成一个 Itô 形式的随机微分方程，即式（2-8）：

$$dy(t) = \left[\frac{A}{4}y^3(t) + \left(\frac{3A}{4} + \frac{B}{2}\right)y^2(t) + \left(\frac{3A}{4} + B + C\right)y(t) + \frac{A}{4} + \frac{B}{2} + C\right]dt + \varepsilon dw(t) \quad (2-8)$$

其中，联盟的状态指标 y(t) 此时作为一个随机过程，有无数种可能的轨迹，而非原来的由式（2-7）刻画的一条轨迹，而式（2-8）的后半部分 dw(t) 便是通常意义上的高斯白噪声，它可以刻画由多种微小因素造成的随机干扰，这样就可以在宏观上反映联盟所受到的不确定性干扰。而 ε 反映了扰动的强度，我们假设它为常数，表示前后战略联盟的运作所受到的扰动来源和强度是一致的。对式(2-8)研究的重点是过程 y(t)的概率性质或者期望性质，以及在演化过程中表现出的动力学特征，如有界性、稳定性和突变性等。

值得一提的是，虽然主宰系统动态调整的力量是非扰动项，但机会主义是不确定性的函数，而不确定性受到扰动的影响，Luo（2006）实证研究了由外界环境所导致的不确定性对机会主义行为的影响。另外，作为有限理性的个体，在做决策时必然受到这种扰动的影响，它会改变参与人对策略的选择，从而改变博弈均衡，我们将会在后续的分析中发现这一规律。

第四节 战略联盟行为演化的随机突变分析

对于任意一个系统而言，获得其相应的动力学模型的优势是可以知道"if-then"形式的规律内容，即在什么条件下必有什么结论。在获得了战略联盟含有扰动效应的随机动力学模型之后，一个有意义的问题就是讨论战略联盟行为演化的一些关键阈值点，在这些情形下联盟行为的状态值可能会发生突变或者分歧，而这一问题对应于本书刚开始提到的如下问题：为什么现实中战略联盟大多从最初的合作稳定性状态到最终突然过渡到联盟的解体，即使联盟采取了现有文献中所提到的一些管制措施，但还是无法避免最后的厄运。对于此类问题的研究，如果获得联盟演化的动力学机制，那么就可以从突变理论视角来进行分析。突变理论是研究一个系统演化的均衡状态随着系统参数的连续变化而可能导致离散突变机制的一种工具，自从它出现以后，在实践界得到了广泛应用。

突变理论强调，一个系统的状态指标之所以前后发生巨大波动是源于系统的控制参数定量的连续变化,以至于达到一些关键阈值,从而导致系统发生自组织的分歧或者相变。这种环境参数的连续变化在联盟演化的生命周期内是客观存在的,它可以来源于协议的变更、联盟任务性质的变化、成员特性的变化等。与传统方法相比较,突变理论考虑了环境的实时变化给联盟造成的影响,从而可以有效地进行实时控制,而不是像传统的管理方法即单一地在某一个时间点进行管制,而忽略了后续的演化过程以及环境的变化(源于系统的反馈)对系统的反作用。

突变理论分为经典突变理论和随机突变理论。前者描述的是一个确定系统的均衡态的离散变化,而后者描述的对象是一个随机系统,此时单纯地研究过程的某个点已经失去意义,取而代之的是过程的极限概率密度函数的众数,因此它研究的是过程的众数的离散变化问题。而特别地,由于本书用于描述联盟演化的动力学是一个具有常数扰动强度的随机系统(即式(2-8)),这使得对它的研究可以得出一些有意义的结论。

在不考虑随机扰动影响的情况下,联盟的演化(即式(2-5)或式(2-7))均衡点至少包含全部合作、全部背叛或者二者参半,而三者相应的动态稳定性与动态不稳定性分别对应联盟不同状态的稳定性与不稳定性。经典突变理论就是研究在联盟控制参数连续变化的情况下,联盟不同的稳定均衡态之间的离散过渡机制或者分歧机制。然而在实际中,联盟的演化必然要受到随机干扰的影响,因此以式(2-8)来描述联盟的运作更准确。

研究过程(2-8)的均衡态的离散变化,首先说明反映过程均衡态的工具是什么。反映过程均衡态的不再是式(2-8)的均衡态,而是式(2-8)对应的极限概率密度函数的平衡点,即可微分的众数,这是因为众数反映了随机变量取值概率最大的点。随机突变理论就是研究一个随机过程的极限概率密度函数的众数随着系统参数的连续变

第二章 战略联盟竞争与合作行为演化的随机突变分析

化而导致的众数的离散变化机制。

而在式（2-8）中，由于系统的扰动强度是一个常数，这又可以通过前文的分析说明，式（2-7）中稳定的均衡点与式（2-8）中系统的众数具有一一对应关系，这表明了极限概率密度函数作为均衡性质的有效性。然而由于扰动的存在，使得前后模型不只是存在统一的联系，还存在着不同，即系统中可以存在扰动性突跳的离散变化。为了系统地研究这些规律，接下来就以过程（2-8）的极限概率密度函数为主要研究对象，通过数理分析来最终解释本节提出的联盟演化的困境。

定理 2-1：战略联盟演化动力学即式（2-8）的极限概率密度函数关于众数的分歧机制与经典的尖点突变模型关于均衡态的分歧机制一致。

证明：根据式（1-8）与式（1-9），给出式（2-8）的极限概率密度函数的表达式：

$$f(y) = N_a \exp[-V_{sto}(y)] \tag{2-9}$$

其中，$a \in [-1, 1]$ 是常数，属于状态空间的任意一点，N_a 是依赖于 a 的常数，而：

$$V_{sto}(y) = -2\int_a^y \frac{\left\{\frac{A}{4}z^3 + \left(\frac{3A}{4} + \frac{B}{2}\right)z^2 + \left(\frac{3A}{4} + B + C\right)z + \frac{A}{4} + \frac{B}{2} + C - \left(\frac{1}{2}\right)[\varepsilon^2]'\right\}}{\varepsilon^2} dz \tag{2-10}$$

证明的思路是对于过程（2-8）的极限概率密度函数（2-9），只需要说明存在一个拓扑等价变换 $y = y(z)$，使其变为 $g(z)$，而 $g(z)$ 所有的可微分众数都满足如下经典尖点突变模型的形式，即：

$$-z^3 + \beta z + \alpha = 0 \tag{2-11}$$

其中，α、β 分别是经典尖点突变模型中的两类参数：正则参数和分歧参数。而函数式（2-9）的分歧问题最终归于其导数形式的研究，因此考虑：

$$f'(y) = -N_a \exp[-V_{sto}(y)]V'_{sto}(y) \qquad (2-12)$$

令式（2-12）右端等于零，有：

$$f'(y) = 0 \Leftrightarrow V'_{sto}(y) = 0 \qquad (2-13)$$

而：

$$V'_{sto}(y) = 0 \Leftrightarrow \frac{A}{4}y^3 + \left(\frac{3A}{4} + \frac{B}{2}\right)y^2 + \left(\frac{3A}{4} + B + C\right)y + \frac{A}{4} + \frac{B}{2} + C = 0 \qquad (2-14)$$

于是有：

$$f'(y) = 0 \Leftrightarrow \frac{A}{4}y^3 + \left(\frac{3A}{4} + \frac{B}{2}\right)y^2 + \left(\frac{3A}{4} + B + C\right)y + \frac{A}{4} + \frac{B}{2} + C = 0 \qquad (2-15)$$

令：

$$y = z + M, \text{ 其中 } M = -1 - \frac{3A}{2B} \qquad (2-16)$$

则：

$$\frac{A}{4}y^3 + \left(\frac{3A}{4} + \frac{B}{2}\right)y^2 + \left(\frac{3A}{4} + B + C\right)y + \frac{A}{4} + \frac{B}{2} + C$$

$$= \frac{A}{4}z^3 + \left[\frac{3M^2}{4} + \left(\frac{3A}{2} + B\right)M + \frac{3A}{4} + B + C\right]z +$$

$$\left[\frac{A}{4}M^3 + \left(\frac{3A}{4} + \frac{B}{2}\right)M^2 + \left(\frac{3A}{4} + B + C\right)M + \frac{A}{4} + \frac{B}{2} + C\right] \qquad (2-17)$$

对于式（2-17）等式右端，去掉三次项系数，则式（2-17）等式右端拓扑等价于：

$$-z^3 + \beta z + \alpha \qquad (2-18)$$

其中：

$$\begin{cases} \left(-\frac{4}{A}\right)\left[\frac{A}{4}M^3 + \left(\frac{3A}{4} + \frac{B}{2}\right)M^2 + \left(\frac{3A}{4} + B + C\right)M + \frac{A}{4} + \frac{B}{2} + C\right] = \alpha \\ \left(-\frac{4}{A}\right)\left[\frac{3M^2}{4} + \left(\frac{3A}{2} + B\right)M + \frac{3A}{4} + B + C\right] = \beta \end{cases} \qquad (2-19)$$

现在考虑式（2-9）可微分的众数（Modes）或者反众数（Anti-Modes），它满足式（2-15），而根据式（2-17）与式（2-18），有：
$$f'(y) = 0 \Leftrightarrow -z^3 + \beta z + \alpha = 0 \quad (2-20)$$

这说明，存在一个拓扑同胚映射式（2-16），使得式（2-9）可微分的众数或者反众数都满足式（2-11）。命题得证。

定理2-1带来的启示是对联盟演化动力学关于众数的随机突变问题可以借助尖点突变模型这一工具进行探讨。这样到目前为止，可以用图2-1来大体描述随着参数的连续变化导致的联盟演化的行为突变问题。

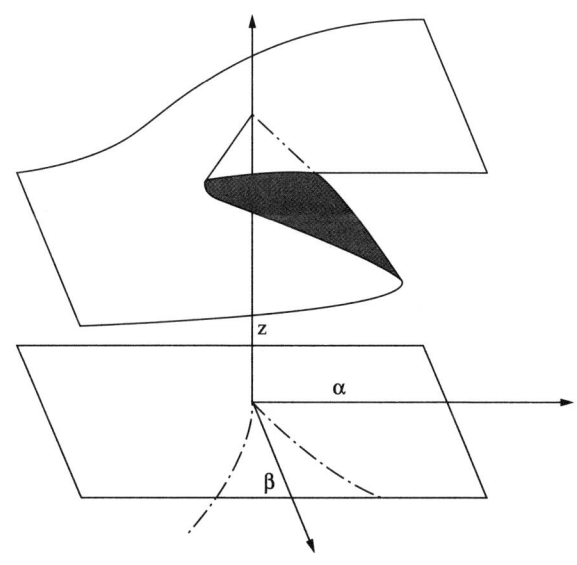

图2-1 联盟演化过程的分歧示意图

其中，α、β、z属于式（2-11）中的内容，而下部分的平面表示参数$\alpha-\beta$控制平面，曲面表示与平面相对应的满足式（2-11）的状态均衡集合。可以看出，在控制平面的某些特殊区域即虚线所示，系统随着参数的变化而发生了均衡状态上的分歧：可以由原来的一个众数分歧出两个众数，出现了非线性现象。

进一步地，由式（2-5）、式（2-7）和式（2-15）可以得出，f（y）关于可微分的众数或者反众数的分歧机制又有其特殊性，即定理 2-2。

定理 2-2：联盟行为演化动力学方程的极限概率密度函数 f(y) 关于可微分的众数总是存在分歧解。

证明：由式（2-5）、式（2-7）和式（2-15）得出：

$$f'(y) = 0 \Leftrightarrow Ax^3 + Bx^2 + Cx = 0 \tag{2-21}$$

而在式（2-21）中，等价号右端的方程总是存在三个解（无论是否存在重根），而不会只存在单解。根据分歧的等价性，可以得出 f'(y) = 0 也总是存在三个解，这样也总能保证方程 f'(y) = 0 关于可微分的众数存在分歧解。命题得证。

定理 2-2 意味着联盟行为演化动力学方程的极限概率密度函数 f(y) 关于众数的分布与参数之间的对应规律，反映在图 2-1 中，控制参数只取值于虚线及其虚线内部，而众数的分布只存在于上述平面部分对应的三叶曲面中。

定理 2-1 和定理 2-2 主要说明了联盟行为演化动力学方程的极限概率密度函数 f(y) 关于可微分的众数和反众数的分歧机制问题，这为下一步研究突变问题奠定了基础。按照分歧理论，分歧是产生突变的必要条件，而不是充分条件。实际上，f(y) 关于可微分的众数和反众数的分歧有两种结果：一种是分歧出一个众数和两个反众数，对应于图 2-1 中，是上下两叶分别代表两个反众数的分布，而中间的那一叶代表众数的分布；另一种是分歧出一个反众数和两个众数，对应于图 2-1 中，是上下两叶分别代表两个众数的分布，而中间的那一叶代表反众数的分布。对于前者，我们说，联盟行为演化动力学方程的极限概率密度函数 f(y) 关于众数的变化随着系统参数的连续变化不会产生突然的离散变化，因为此种情况下参数与众数的分布是一个连续的对应关系，不存在发生离散变化的条件。而联盟行为在现实中的表现总是由众数来描述的，这样联盟行为在现实中也就不存在突变问题。而对于第二种分歧结果，由于分歧出了两个众数，这样就有离散选择的问题，而正是这种离散选择（可以源于系统的随机扰动，也可以源于系统的自组织）才导致联盟行为产生突变现象。所以，我们接下来假设 f(y) 关于可微分的众数和反众数的分歧结果属于第二种情形，然后分析的重点是对突变特征的研究。

根据定理 2-1 和定理 2-2，联盟演化过程动力学的极限概率密度函数 f(y) 关于可微分的众数和反众数的突变机制，与式（2-18）中变量 z 的均衡点随着参数 α、β 的连续变化而发生的突变机制等价，因此对 f(y) 关于可微分的众数和反众数的突变机制的研究，可以借助关于 α、β、z 的模型即尖点突变模型来描述，而关于联盟实际行为变量 y（y 与 x 的关系见式（2-6））的结果，可以借助简单的——映射即式（2-16）来间接地进行分析。不过该映射只是一个线性变换，不会影响突变的规律探讨，因此为了分析上的简单，可以直接利用变量 z 的结果来代替变量 y。这样关于尖点突变模型式（2-18）中的特征即双模态和突跳都可以用来对联盟行为演化的突变问题进行说明，而同时在随机突变理论的视角下，还存在扰动性突跳这一独特的离散变化行为，下面将分别进行说明。

在图 2-1 的基础上，给出尖点突变模型式（2-18）的突变特征即双模态和突跳后，就有了对联盟演化的突变行为的具体描述工具，即图 2-2。

同时我们有如下几个结论：

定理 2-3：当系统参数在变化过程中满足式（2-22）（对应于图 2-2 中控制平面的两条虚线内部，即分歧集合）时，联盟演化行为会表现出双模态的特征，而同时在此范围内由于外界随机干扰的作用，可以使得联盟行为发生扰动性突跳这一离散变化。

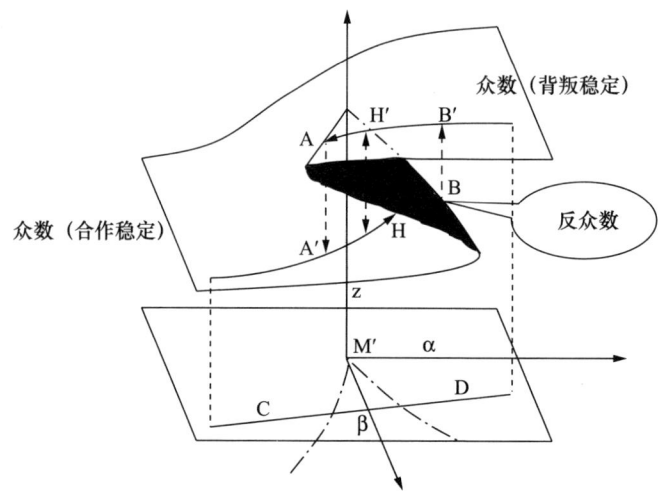

图2-2 联盟演化过程中行为的随机突变示意图

$$4AC - B^2 \neq 0 \quad (2-22)$$

证明：针对式（2-18），当 $27\alpha^2 - 4\beta^3 < 0$ 时，它分歧出两个稳定均衡点，相应地对于式（2-9），根据定理2-1，联盟行为也分歧出两个众数行为，而根据定理2-2，与 $27\alpha^2 - 4\beta^3 < 0$ 相对应的条件等价于式（2-22），因此当式（2-22）得到满足时，必然会存在双模态，命题的前半部分得到证明。对于联盟行为演化的动力学方程（2-8），由于存在扰动干扰，只要扰动强度足够大就可以使得联盟行为在后续演化过程中在两个模态之间随机选择，从而发生扰动性突跳这一离散变化。命题得证。

定理2-3带来的联盟管理启示主要有如下三点：

（1）双模态的存在性能够说明现实中为什么采取了同样的管理激励措施（对应着控制参数，a、b、c、d、δ、α_i、β_j，$i, j \in \{1, 2\}$，而它们与 A、B、C 和 α、β 的关系见式（2-5'）和式（2-19）），但不同的联盟表现出了不同的行为，有的选择了合作稳定，有的选择了背叛稳定，对应于图2-2中，意味着在 H 和 H' 之间的选择，这主要是源于联盟面临的外部随机环境的不同。

（2）扰动性突跳的存在性说明了联盟在双模态区域是不稳定的，联盟可以由原来的合作稳定跳跃到背叛稳定（对应于图 2-2 中，是由 H′到 H 的突跳），而这种不稳定性源于外部的随机干扰而非联盟自己的结构特征。虽然在双模态区域也存在由背叛稳定到合作稳定突跳的可能，但是按照行为经济学中的损失厌恶偏好来解释的话，人们还是倾向于将该区域定性为不稳定的联盟环境。

（3）按照定理 2-2，联盟行为演化过程中的动力学总是表现出双模态的非线性特征，那么可以说如果现实中联盟的动力演化过程完全可以用式（2-8）来描述的话，那么现有的关于战略联盟"本质上是不稳定的，只是一种过渡形式"的结论也可以用该特点来说明。而反过来说，如果关于众数的分布不存在双模态，即在定理 2-3 之前的一个假设即 f(y)关于可微分的众数和反众数的分歧结果属于第二种情形不成立的话，那么此时联盟只分歧出一个众数，而这又说明联盟合作是效率不高的，因为联盟运作总是合作与背叛并存。

定理 2-3 中提到的一种离散变化即扰动性突跳是源于联盟系统外部的随机干扰。而事实上，在联盟运作过程中，也会存在着源于联盟自身结构的连续变化而导致的离散变化即结构性突变。我们有如下结论：

定理 2-4：在联盟演化过程中，随着联盟自身内部结构性变量（对应于模型（2-8）中的各类控制参数）的连续变化，当参数取值穿越分歧集合边界即满足式（2-23）时：

$$4AC - B^2 = 0 \qquad (2-23)$$

联盟因自组织的作用而发生结构性突变这一离散变化。

证明：针对尖点突变模型即式（2-18），当 $27\alpha^2 - 4\beta^3 = 0$ 时，系统的均衡态发生自组织突变，从而使得系统由当前的不稳定状态突变到新的稳定状态。反映到图 2-2 中，即随着参数 α、β 沿着直线 CD

而发生连续变化,当穿越虚线时,系统的均衡态就发生突变集由 A 到 A′或者由 B 到 B′的变化。而相应地对于式(2-9),根据定理 2-1,联盟关于众数行为的突变选择也会遵循这一规律,即穿越分歧集合时联盟的众数也会发生类似的离散变化,而 $27\alpha^2 - 4\beta^3 = 0 \Leftrightarrow 4AC - B^2 = 0$。命题得证。

定理 2-4 带来的管理启示如下:

(1) 联盟发生结构性突变这一现象要引起重视,因为与联盟运作相关的一些直接控制变量即 a, b, c, d, δ, α_i, β_j, i, j $\in$ {1, 2}(一般将它们分为与成员属性相关的和与联盟激励属性相关的两大类),在现实中是存在发生连续变化的物质基础的。虽然联盟在建立之初,其最理想的愿望是联盟运作的控制措施不发生变质,但是一旦联盟运作起来,一些属性如联盟合作得益、背叛策略的超额收益、不公平厌恶系数等都有可能发生变化,而这些变化却往往在后续的运作中容易被忽视,但是定理 2-4 指出联盟行为的一类离散变化的产生恰恰是此类因素引起的,因此联盟运作的结构性突变是不可忽视的一个重要因素。

(2) 虽然结构性突变也是联盟行为演化的一类重要的离散变化,可以有效地解释联盟由合作稳定到背叛稳定的现象,但是却不容易被发现,从而难以进行控制。而一般的方法无法给出很好的关于这种非线性问题的答案,必须借助专门的工具来获得这种分歧集合的边界。对于扰动性突跳这一现象,管理者可以通过尽量减少外界干扰的强度以保持稳定,但是结构性突变的产生是系统内部原因造成的。即使没有外界随机扰动的存在,因为自组织的作用到达一定的临界点也是存在不稳定的离散变化问题的(对应于图 2-2,是联盟行为从合作稳定 B 到背叛稳定 B′的离散变化)。

(3) 结合定理 2-3 和定理 2-4,联盟合作稳定的唯一有效条件就是联盟的控制参数即 a, b, c, d, δ, α_i, β_j, i, j $\in$ {1, 2} 分布

于右侧虚线这一区域。此时不存在扰动性突跳，因为此时背叛是不可达的反众数点，背叛是不稳定的行为，同时此时也不存在从合作稳定到背叛稳定的结构性突变，因此此时合作是被系统自身所选择的稳定状态。

就结构性突变而言，定理 2-4 是从总体上针对所有参数给出的结论，而针对具体的管理激励变量，可以有如下几个推论：

推论 1：给定参数 b，c，d，δ，α_i，β_j，i，j $\in$ {1，2}，针对联盟合作水平 a，随着它的变化，如果以下任一条件成立，那么联盟行为就会发生结构性突变：

① $a \geq c + d - \delta$，$a = \dfrac{c(1-\beta_1) - (d-\delta)\beta_1}{(1-\beta_1)}$

② $a < c + d - \delta$，$a = \dfrac{c(1+\alpha_1) + (d-\delta)\alpha_1}{(1+\alpha_1)}$

证明：以 a 作为变量，其他变量保持不变作为参数，则式(2-23)等价于上述两类条件。命题得证。

推论 2：给定 a，c，d，δ，α_i，β_j，i，j $\in$ {1，2}，针对合作成本水平 b，它的连续变化不会引起联盟行为的结构性突变。

证明：以 b 作为变量，其他变量保持不变作为参数，则通过推理发现式（2-23）与变量 b 无关。命题得证。

推论 3：给定 a，b，d，δ，α_i，β_j，i，j $\in$ {1，2}，针对合作成本水平 c，随着它的变化，如果以下任一条件成立，那么联盟行为就会发生结构性突变：

① $c \geq a + \delta - d$，$c = \dfrac{a(1+\alpha_1) - (d-\delta)\alpha_1}{(1+\alpha_1)}$

② $c < a + \delta - d$，$c = \dfrac{a(1-\beta_1) + (d-\delta)\beta_1}{(1-\beta_1)}$

证明：参考推论 1 的证明。

推论 4：给定 a，b，c，δ，α_i，β_j，i，j $\in$ {1，2}，针对背叛行

为的超额得益水平 d，随着它的变化，如果以下任一条件成立，那么联盟行为就会发生结构性突变：

① $d \geqslant a + \delta - c$, $d = \dfrac{(a-c)(1+\alpha_1) + \delta\alpha_1}{\alpha_1}$

② $d < a + \delta - c$, $d = \dfrac{(c-a)(1-\beta_1) + \delta\beta_1}{\beta_1}$

证明：参考推论 1 的证明。

推论 5：给定 a，b，c，d，α_i，β_j，i，j $\in$ $\{1, 2\}$，针对背叛行为的惩罚力度变量 δ，随着它的变化，如果以下任一条件成立，那么联盟行为就会发生结构性突变：

① $\delta \geqslant d + c - a$, $\delta = \dfrac{(a-c)(1-\beta_1) + d\beta_1}{\beta_1}$

② $\delta < d + c - a$, $\delta = \dfrac{d\alpha_1 - (a-c)(1+\alpha_1)}{\alpha_1}$

证明：参考推论 1 的证明。

推论 6：给定 a，b，c，d，δ，α_2，β_j，j $\in$ $\{1, 2\}$，针对不公平厌恶系数之一的 α_1 变量，随着它的变化，如果以下条件①成立，那么联盟行为就会发生结构性突变；而当条件②成立的话，那么它的连续变化不会引起联盟行为的结构性突变。

① $\delta < d + c - a$, $\alpha_1 = \dfrac{c - a}{a - c + \delta - d}$

② $\delta + a - c - d \geqslant 0$

证明：参考推论 1 的证明。

推论 7：给定 a，b，c，d，δ，α_i，β_2，i $\in$ $\{1, 2\}$，针对不公平厌恶系数之一的 β_1 变量，随着它的变化，如果以下条件①成立，那么联盟行为就会发生结构性突变；而当条件②成立的话，那么它的连续变化不会引起联盟行为的结构性突变。

① $\delta + a - c - d \geqslant 0$, $\beta_1 = \dfrac{a - c}{a - c - d + \delta}$

②$\delta + a - c - d \leq 0$

证明：参考推论 1 的证明。

推论 8：给定 a, b, c, d, δ, α_1, β_j, $j \in \{1, 2\}$, 针对不公平厌恶系数之一的 α_2 变量，它的连续变化不会引起联盟行为的结构性突变。

证明：参考推论 2 的证明。

推论 9：给定 a, b, c, d, δ, α_i, β_1, $i \in \{1, 2\}$, 针对不公平厌恶系数之一的 β_2 变量，它的连续变化不会引起联盟行为的结构性突变。

证明：参考推论 2 的证明。

第五节 数值仿真与讨论

为了直观地反映联盟行为所具有的两种潜在的突变过程，本部分针对联盟行为演化动力学即式（2-8）做一些数值模拟来说明相应结论的含义。针对结构性突变，我们设定如表 2-3 的三类场景，即研究联盟合作得益水平 a、合作损失水平 c 以及不公平厌恶系数 α_1 连续变化时，当穿越相应的临界点所带来的联盟行为的结构性突变问题。我们设定模拟步长是 $\Delta t = 0.01$，而对于扰动强度设定为 $\varepsilon = 0.5$。

表 2-3 战略联盟的三个场景

场景	a	b	c	d	δ	α_1	β_1	α_2	β_2
1	2~6 连续变化	1	4	6	3	0	0	0	0
2	4	1	2~6 连续变化	6	2	0	0	0	0
3	4	1	3	7	3.5	0~4/5 连续变化	0	0	0

首先考虑场景 1。给定场景 b = 1，c = 4，d = 6，δ = 3，$α_i$ = 0，$β_j$ = 0，i, j ∈ {1, 2}，则联盟成员之间的博弈行为具体化为表 2 - 4。

表 2 - 4　场景 1 下联盟成员之间的 t 期博弈矩阵

Player 1 \ Player 2	维护协议	背叛协议
维护协议	a - 1, a - 1	a - 4, 3
背叛协议	3, a - 4	0, 0

因为 c + d - δ = 7，根据推论 1 中的条件②，随着联盟成员采取合作时的得益水平 a 的连续增加，当 a = c = 4 时，联盟行为就可以发生离散的突变过程，表现在从图 2 - 3 到图 2 - 6 中，就是联盟从最初的背叛稳定突变为合作稳定，即 y 从 y = 1 到 y = - 1 的变化。给定其他激励，当联盟合作的得益水平不足时，联盟成员之间的博弈构成了一种"囚徒困境"（Prisoner's Dilemma Game），按照传统的博弈分析理论的结果，此时整个联盟企业都会选择背叛行为，这种结果可以从

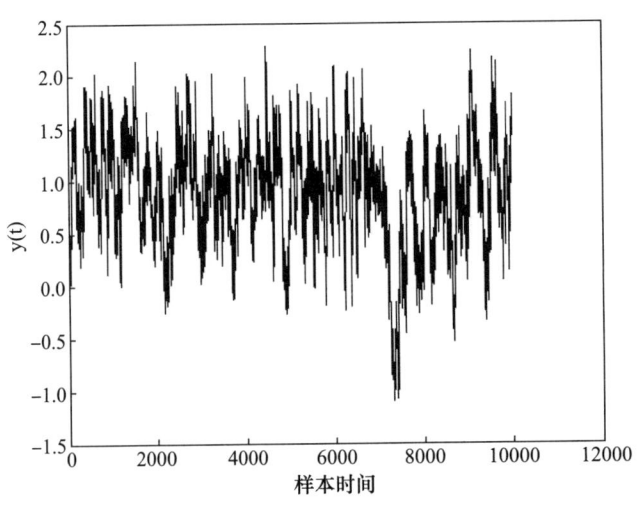

图 2 - 3　联盟采取背叛行为（a = 2）

图 2-3 与图 2-4 中看出。而当联盟合作的得益水平不断增加以至于合作策略绝对占优时,联盟成员才全部选择合作行为,对应 2-5 与图 2-6 可以看出,本书的模拟与传统的博弈常识相吻合,从而验证了模型的合理性。

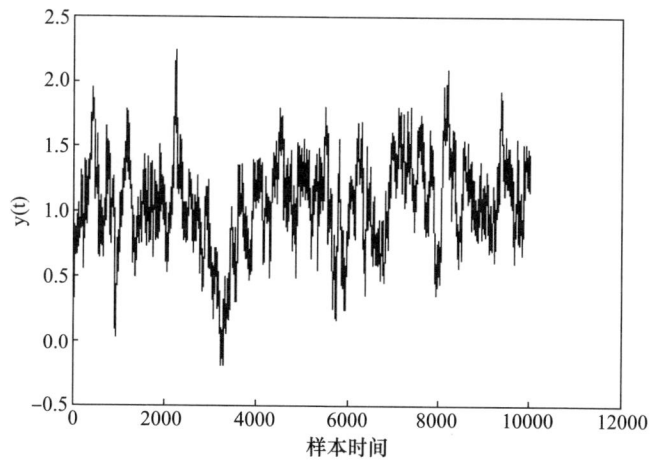

图 2-4 联盟采取背叛行为（a=3）

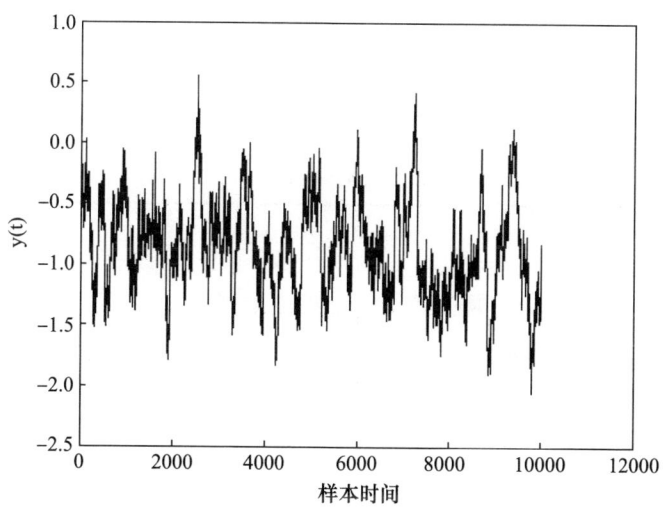

图 2-5 联盟采取合作行为（a=5）

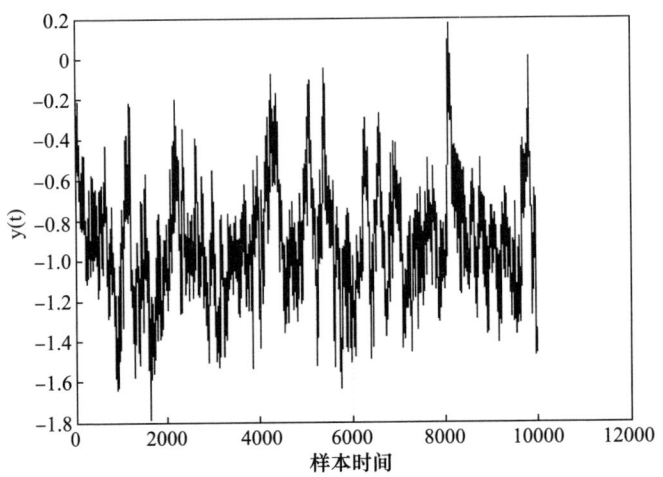

图 2－6　联盟采取合作行为（a=6）

其次考虑场景 2。给定场景 $a=4$，$b=1$，$d=6$，$\delta=2$，$\alpha_i=0$，$\beta_j=0$，$i, j \in \{1, 2\}$，则联盟成员之间的博弈行为具体化为表 2－5。

表 2－5　场景 2 下联盟成员之间的 t 期博弈矩阵

Player 1 \ Player 2	维护协议	背叛协议
维护协议	3，3	4－c，4
背叛协议	4，4－c	0，0

因为 $a+\delta-d=0$，根据推论 3 中的条件①，针对一方采取背叛行为时联盟成员采取合作所带来的合作损失水平 c，随着它的连续增加，当 $c=a=4$ 时，则联盟成员行为就可以发生结构性突变。表现在从图 2－7 到图 2－10 中，就是联盟从最初只具有一定比例的背叛行为（x = 1/3）到最终突变为全部采取背叛行为，从而此时背叛行为也是作为一定的稳定状态而存在着。可以看出，当合作损失水平 c 比较小时，此

情景下联盟成员之间的博弈实际上是一种雪堆博弈（Snowdrift Game），如图2-7和图2-8所示；而当合作损失水平c比较大时，对于成员来说就构成了一种"囚徒困境"。模拟结果也验证了战略联盟成员之间的博弈问题同样有如下结论成立：与囚徒困境博弈相比较，雪堆博弈中更容易出现稳定的合作行为。

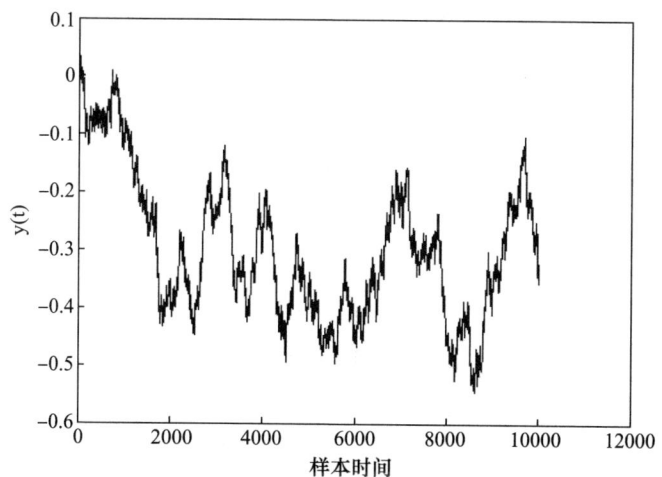

图2-7　联盟采取背叛与合作行为并存（c=2）

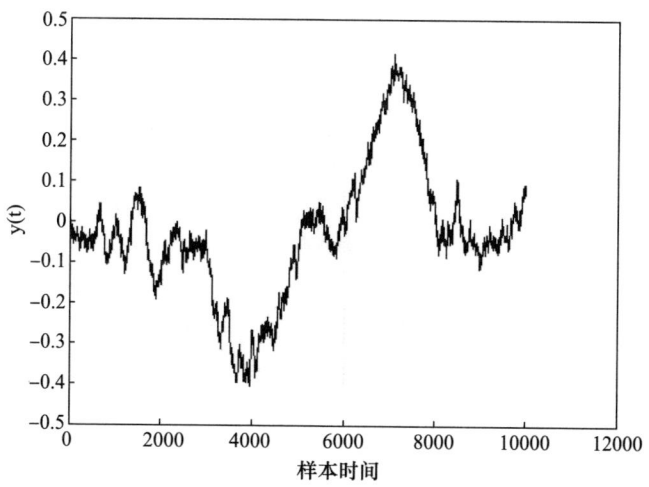

图2-8　联盟采取背叛与合作行为并存（c=3）

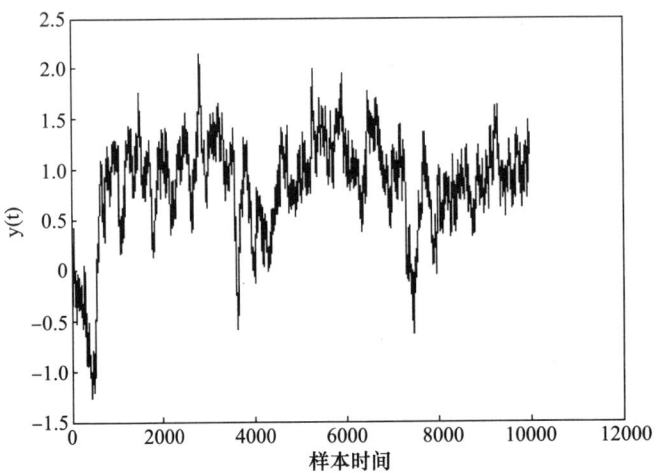

图 2-9 联盟采取背叛行为（c=5）

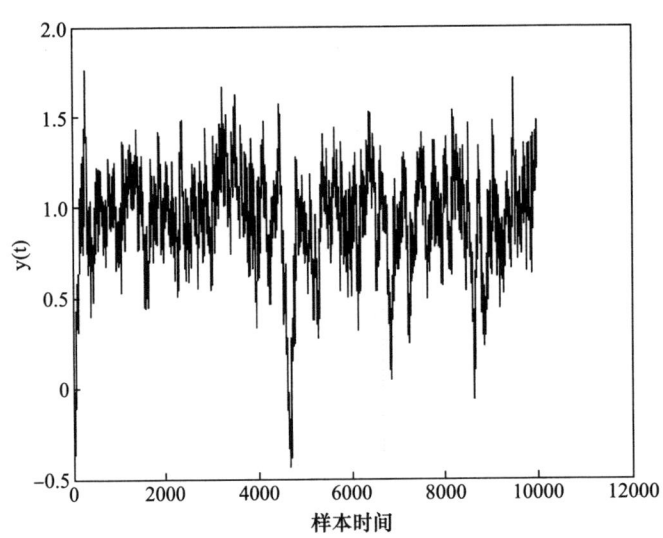

图 2-10 联盟采取背叛行为（c=6）

最后考虑场景 3。根据表 2-3，给定变量 a，b，c，d，δ，α_2，β_i，i∈{1，2} 的相应场景，则联盟成员之间的博弈行为具体化为表 2-6。在此情景下，我们考虑联盟内部成员的一个属性即不公平厌恶系数 α_1 的连续变化带给联盟演化的突变影响。

表2-6 场景3下联盟成员之间的t期博弈矩阵

Player 1 \ Player 2	维护协议	背叛协议
维护协议	3, 3	$1-2.5\alpha_1$, 3.5
背叛协议	3.5, $1-2.5\alpha_1$	0, 0

因为$\delta=3.5<d+c-a=6$,因此根据推论6中的条件①,随着成员属性即不公平厌恶系数α_1的连续变化,当$\alpha_1=0.4$时,联盟行为会经历一个突变过程,表现在从图2-11到图2-14中,就是联盟从最初只具有一定比例的背叛行为（$x=1/3$）到最终突变为全部采取背叛行为,从而此时背叛行为也是作为一定的稳定状态而存在着。而且我们也可以发现,同样的激励措施,针对由不同属性的成员组成的战略联盟,其最终的演化结果会不一样,而且针对同一联盟,在联盟演化过程中,成员的不公平厌恶系数也可能发生变化,而这也可以说明是联盟内部原因导致了联盟行为演化的突变,同时也有力地说明了不公平厌恶属性对联盟成员决策的调节作用。

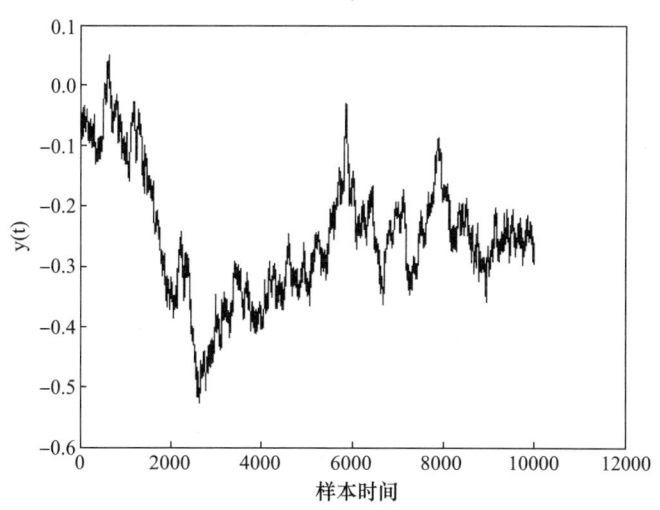

图2-11 联盟采取背叛与合作行为并存（$\alpha_1=0$）

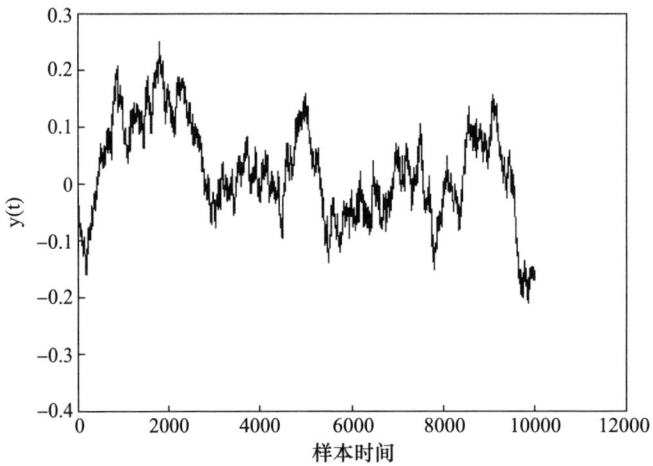

图 2-12 联盟采取背叛与合作行为并存（$\alpha_1 = 1/5$）

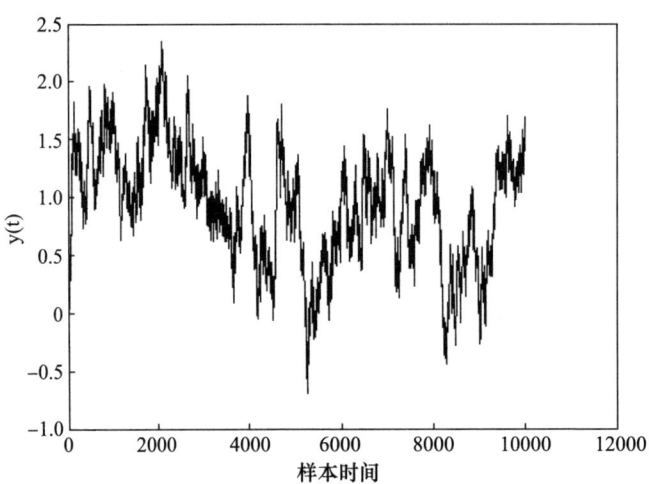

图 2-13 联盟采取背叛行为（$\alpha_1 = 3/5$）

上述三组模拟实验是针对结构性突变而进行的，下面针对联盟演化过程中的扰动性突跳进行一类模拟。我们设定如下场景，即与战略联盟运行相关的控制参数变量 a，b，c，d，δ，α_i，β_j，i，j $\in$ {1，2}

根据式（2-5'）满足 A=-4，B=6，C=-2，则根据定理 2-3，此时联盟的运作能够因为系统自有的双模态性而表现出对外部随机干扰环境的敏感性，从而战略联盟的行为可以发生扰动性突跳。

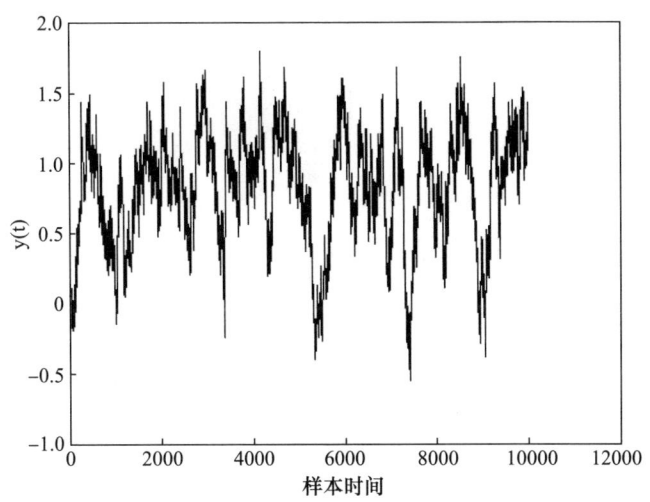

图 2-14　联盟采取背叛行为（$\alpha_1 = 4/5$）

如图 2-15 所示，随着外部随机因素不断地对联盟运作产生影响，以至于当联盟偶然地遇到了一些好的外部刺激如技术的大变革、政府的经济激励措施等，可以使得从原来具有的消极背叛行为转变为合作稳定行为，从而在合作中实现双赢互惠的目标。然而当后续运行中，好的刺激弱于坏的刺激时，或者好的刺激所带来的影响不稳定时，联盟行为最终也可能选择背叛。总之，在此情景下联盟运作表现出了对外部的随机干扰因素的敏感性，此时对于本来具有稳定合作关系的联盟而言，只有尽量避免联盟运作环境发生大的波动，才可以避免联盟行为发生突变。

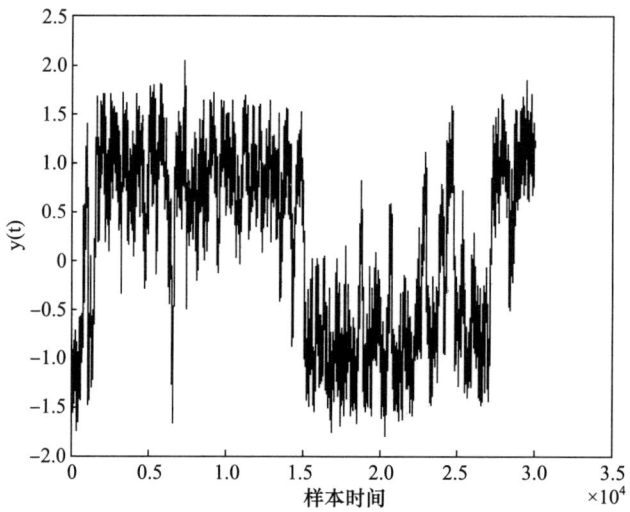

图 2-15 联盟演化行为经历扰动性突跳的演示

本章小结

针对战略联盟的热门话题即为什么现实中战略联盟大多从最初的合作稳定性状态到最终突然过渡到联盟的解体这一问题，本章从随机突变理论这一视角进行了分析。研究说明，在战略联盟运行过程中，随着合作任务的不断达成、联盟协议的变更和成员属性的不断变化，导致联盟性态发生离散的突变过程。对于战略联盟由开始的合作稳定到最终可能出现的联盟解体或者失败这一离散变化现象的解释有两种：一是当联盟演化动力学的相关结构性变量的取值分布于动力学的分歧集合内部时，由于双模态和外界随机干扰因素的存在性，使得联盟行为表现出一种不稳定性，扰动可以使得联盟即使在激励不变的情况下也会发生由合作稳定到全部背叛的扰动性突跳，在这种情况下，联盟管理者应该尽量避免联盟外部环境的不确定性，从而避免这一离散变化的发生；二是当联盟演化动力学的相关结构性变量的取值分布于动力学的分歧集合边缘时，联盟行为的选择会因为自组织的作用而可能导致由合作稳定到背叛稳定的结构性突变，在这种情况下，联盟管理者要避免联盟结构性变量的取值穿越分歧集合的边缘，从而可以防止此类突变的发生，为联盟稳定创造优良的内部环境。同时我们还发现，成员的不公平厌恶这一行为属性对策略的选择具有重要的调节作用，从而可能影响联盟的稳定性选择。

第三章 团队知识共享行为演化的随机突变分析

本章以中观上团队成员之间知识共享博弈策略的演化过程为问题背景,利用随机突变理论来分析现实中当一个团队内部的成员之间进行知识共享交互时,随着不断的合作交流所发生的由知识共享到不共享的离散突变机制,说明为什么针对同一种团队激励政策,团队会有截然不同的表现。

第一节 问题的引入

2011年上半年,本研究团队的全体成员针对武汉多家知识密集型企业进行了调研。在这个过程中,采取了访谈和发放问卷等形式。访谈主要是我们和企业的一些中高层管理者进行一对多的交流,采取问与答的形式进行企业运作问题的诊断。在访谈过程中,管理者比较重视的问题之一就是在一个拥有100多名员工的团队中成员之间的知识共享效率不高的问题。在刚组建团队时,团队成员之间出于面子等问题的考虑,比较积极地共享各自的私有知识,但是当团队运行一段时间后，共享知识的热情逐渐淡化，甚至极力保护自己的私有知识。管理者注意到这个问题后，也采取了一系列的激励措施来进行改进，甚至采取了和最开始程度一样高的激励，但是还是无法改变团队的现有表现。这一问题始终困扰着团队管理者，让他们感到有心无力，无法发挥出团队应有的优势。应公司的委托，我们研究所对这一问题进行系统分析，解释发生的上述现象并找出相应的解决方法。

现有的关于知识共享研究的文献已有很多，通过总结发现，研究主题主要包括知识共享的效率促进问题和知识共享行为状态的稳定性控制问题。两类研究都不能有效地解释本章刚开始提出的问题，因为一方面针对知识共享效率促进问题的研究大多是一种静态模型，而静态模型不能体现出由知识共享到不共享的这一过程性的变化；另一方面对于研究知识共享动力学演化的文章，关注的问题主要是单一均衡态（即共享或者不共享）的稳定性控制问题，这也不能体现出由共享到不共享的问题本质，同时也无法说明本章开头提出的第二个问题。

针对这两个问题，突变理论的视角可以有效地进行说明解释。随着团队成员交互行为的不断进行，一些环境参数如关于团队激励机制的、关于成员之间交互属性的和关于成员自身素质的，必然会发生改变。而研究研究团队知识共享行为突变性问题，主要就是探讨这些因素的连续变化所带来的团队由知识共享到不共享行为潜在的离散突变行为的内在机制，同时动力学中的双模态和滞后现象也可以对第二个问题进行有效的解释。

第二节 基本假设

知识共享行为问题的研究由于知识和人的复杂性，很难建立起数学模型，因此有效模型的提出依赖于对具体背景严格的合乎客观规律的设定。本书做出如下假定：

1. 关于知识的假定

假定1：知识的价值取决于知识的稀缺性而不是可分享性，因此本书的知识并不区分为显性知识和隐性知识。

假定2：团队成员每一次交互知识时，假定单位知识的价值是等同的，因此每一次交互知识会带来相同的知识效用。因此，就可以把知识本身作为"黑箱"来处理，接下来关注的重点是人的策略行为选择问题。

2. 关于团队成员的假定

假定3：团队区别于一般群体的标志就是团队协作可以带来有效的协同效应，因此假设知识共享可以为解决当前的工作而产生协同效应，而这种协同价值又取决于彼此依赖的程度。

假定4：知识资源的价值可以有效地促使员工不断地学习新知识，因此假设成员总是会有意地去吸收和转换从其他成员分享到的新知识。

假定5：假设3中的协同会带来交流和沟通成本，假定4中的吸收和转换行为会带来学习成本。

假定6：共享知识会带来溢出效应，因此共享知识行为被假设会带来一定的风险负效用。

假定7：知识资源的特性——隐匿性并没有在模型中得到体现。知识的隐匿性反映到员工知识共享行为上，表现为知识共享行为的机会主义背叛行为并不总是能被发现，因此假设只是以一定的概率被管理者发觉。

假定8：成员在决定是否共享知识时，其决策原则并非最优化决策。因为知识共享行为的复杂性，使得成员面临这一问题时是有限理性的，他们是在不断地学习中来优化自己的决策的，而学习的对象就是采取某一策略获益较高的子群体。

假定9：成员决策行为除了受上述因素的影响外，还会受到一些很难把握的其他因素的影响，而且这种影响始终存在。

3. 关于管理者的假定

假定10：知识的有效共享可以提高团队的工作绩效并产生协同效应，因此团队管理者会对共享行为给出一定的奖励。而为了有效激励员工进行知识共享，管理者会对成员行为进行监督，对一方采取共享而另一方不采取共享的背叛行为进行一定的惩罚。除此之外，与宏观层次的群体不同，在团队内部管理者的控制更容易进行和具有可操作性，因此我们假设对上述惩罚所得，管理者会拿出一部分以弥补一方采取共享而带来的额外损失。

第三节　团队成员知识共享行为演化的基本模型

提出上述假设后，我们就可以对团队成员之间的知识共享行为进行数学表述。首先我们假设团队内部成员的知识水平是一样的（记为 π（$\pi>0$），为不失一般性，可以假设这种知识水平给员工带来的效用就是 π），只是知识内容不一样，从而必须通过共享来达到利用彼此知识的目的。假设团队成员之间彼此依赖的程度用 δ 来表示，$\delta \in [0, 1]$，那么团队成员之间在知识共享时产生的协同价值为 $\delta\pi$。而用于协同工作产生的协调和交流成本记为 C_1。由于知识资源的价值，使得团队成员在知识共享时总是不断地学习新的知识，这给他带来的价值 V（$V>0$）一方面取决于自身吸收转换新知识的能力（记为 γ，$\gamma \in [0, 1]$），另一方面取决于知识的可共享度（记为 β，$\beta \in [0, 1]$），因此 $V = \gamma\beta\pi$。而学习行为带来的学习成本记为 C_2。

上述基本假设除了成本方面的不同以外，在其他文献均有类似采纳。同时，现有的文献指出知识共享行为在员工与管理者之间构成一种社会困境，而在员工之间构成一种"囚徒困境"。一方面，员工如果把自己的知识共享，就会降低自己在管理者面前索要利益的资本，因此总是不情愿共享知识；另一方面，在员工之间，如果把自己的知识共享给一个不愿意共享给自己的员工，就会带来极大的风险和损失，假设员工因为共享知识而给自身带来负效用的损失系数为 ρ，$\rho \in [0, 1]$。因此，管理者相应地一方面会对共享行为能够带来协同效应的情形进行奖励，记为 R（R>0）；另一方面对于产生"囚徒困境"情形的"搭便车"行为（即不共享行为）进行监督和惩罚，并且拿出一部分惩罚所得来弥补共享者。而由于知识的内隐性，使得"搭便车"行为并不总是被发现，因此假设发现的概率为 q（$q \in [0, 1]$），发现之后的惩罚强度记为 P（P>0），而拿出一部分 τP（$\tau \in [0, 1]$）来弥补共享者的损失。

团队成员之间的知识共享行为并非一个一次性的策略选择问题，而是一种反复决策行为，因此可以用一个反复博弈来描述。这个反复博弈的基础博弈可以用表 3-1 来描述。每一次博弈时，成员中的任何两者都可以相互作用，记为 Player A 和 Player B，他们都有相同的策略集合｛共享知识，不共享知识｝，根据上面的分析可以得到各自选择不同策略时的支付。

表 3-1 团队成员之间的知识共享博弈矩阵

Player A \ Player B	共享知识	不共享知识
共享知识	$R + \pi(1 + \delta + \gamma\beta - \rho) - C_1 - C_2$, $R + \pi(1 + \delta + \gamma\beta - \rho) - C_1 - C_2$	$\pi(1 - \rho) - C_1 + q\tau P$, $\pi(1 + \delta + \gamma\beta) - C_2 - qP$
不共享知识	$\pi(1 + \delta + \gamma\beta) - C_2 - qP$, $\pi(1 - \rho) - C_1 + q\tau P$	π, π

假设团队在 t 期选择共享的比例为 x(t)，那么不共享成员的比例为 $1-x(t)$。那么团队成员在下一期选择共享策略时的期望得益 u_s 为：

$$u_s = x(t)[R + \pi(1+\delta+\gamma\beta-\rho) - C_1 - C_2] + [1-x(t)][\pi(1-\rho) + q\tau P - C_1]$$
$$= \pi(1-\rho) + q\tau P - C_1 + x(t)[R + \pi(\delta+\gamma\beta) - C_2 - q\tau P]$$
(3-1)

在下一期选择不共享的期望得益 u_n 为：

$$u_n = x(t)[\pi(1+\delta+\gamma\beta) - C_2 - qP] + [1-x(t)]\pi$$
$$= \pi + x(t)[\pi(\delta+\gamma\beta) - C_2 - qP]$$
(3-2)

团队整体在本期的平均得益水平 $\bar{u}$ 为：

$$\bar{u} = (1-x(t))u_n + x(t)u_s$$
(3-3)

根据假设 8，成员在进行决策时被假设为有限理性，意味着一开始不可能找到自己的最优策略。在选择是否共享知识时，团队中每一个成员都是在不断的试错和反复学习中找到自己满意的策略。学习的目标取决于选择知识共享和不共享各自的子群体的得益水平，根据这一思路并且假设团队是由大群体成员组成的，那么在确定性环境下，团队的状态变量 x(t) 可以由生物学中的复制子动态方程来表述：

$$\frac{dx(t)}{dt} = x(t)(u_s - \bar{u})$$
$$= x(t)(1-x(t))(u_s - u_n) = x(t)(1-x(t))$$
$$\{[R+(1-\tau)qP]x(t) + q\tau P - C_1 - \pi\rho\}$$
(3-4)

由式（3-4）可以看出，在由一个同质成员组成的团队中，团队行为的演化动力学性质与变量协同效率 δ、学习成本 C_2、吸收转换新知识的能力变量 γ 和知识的可共享度 β 无关，只与变量知识水平 π、损失系数 ρ、协同成本 C_1、奖励程度 R、监督概率 q、惩罚程度 P 和分成比例 τ 相关，这些变量将作为重点进行研究。

到目前为止，式（3-4）所描述的模型，包括现有的文献中涉及的知识共享的动力学都是基于常微分方程的确定性的系统，而现实中有人参与的系统多半受到很多不可控因素（如个体的心理波动对决策的影响等）的随机干扰，这种干扰是始终存在的并且有时是不能忽略的，这样式（3-4）无法描述系统的演化所受到的扰动。为了能适当地在模型中反映系统的不确定性干扰，本书在式（3-4）的基础上引入一个白噪声，从而得出式（3-5）：

$$dx(t) = \{x(t)(1-x(t))\{[R+(1-\tau)qP]x(t)+q\tau P-C_1-\pi\rho\}\}dt+\varepsilon dw(t) \tag{3-5}$$

此处，$x(t)$作为一个随机过程来处理，给定初值$x(0)$（是一个随机变量）后系统的演化有无数种可能的轨迹，而非原来的由式（3-4）刻画的一条轨迹。而式（3-5）的后半部分$dw(t)$便是通常意义上的高斯白噪声，它可以刻画由多种微小因素造成的随机干扰。而ε反映了这种干扰强度，这里假设为一个常数。

现有关于团队知识共享演化动力学特征的文献研究中，大多是基于确定性方程类似于式（3-4）的稳定性探讨，其基本思路是对于动力学式（3-4）中的均衡点探讨其稳定时系统的控制参数所满足的条件，或者是给定条件判断当前均衡态的性质即稳定或者不稳定。他们研究的不足之处在于，一是没有考虑随机因素干扰的情况下动力学的特征；二是没有考虑另外一个动力学问题——系统的突变性，即系统的均衡点随着参数的连续变化是不发生离散的突变。传统的认识是系统的均衡点会随着参数的连续变化发生连续的变化（因此考虑的重点只是均衡点维持稳定性的条件开发），但是含有参数的非线性系统多半也会发生分歧或者突变现象，即系统的均衡点会随着参数的连续变化发生离散的变化。因此，研究突变问题的关键思路就是假定当前的均衡态是稳定的，那么当环境发生变化（表现为关于团队激励机制的、关于成员之间交互属性的和关于成员自身素质的参数不断发生着连续变化）时，知识共享行为的均衡态取值也在发生变化，而问题是这种变化是不是离散的突变，之后才考虑维护均衡态的稳定性。因此，本书接下来就是探讨基于一个随机微分方程（3-5）来表达的知识共享行为随着参数的变化而出现的动力学突变问题，所用的工具是随机突变理论。

第四节 模型分析

根据随机突变理论，为了研究团队行为突变问题，针对式(3-5)主要是研究过程的极限概率密度函数关于众数的分歧突变机制，借此得出团队行为 x（t）演化的突变规律。

定理3-1：团队知识共享行为动力学的极限概率密度函数关于众数的突变机制与标准尖点突变模型关于均衡解的分歧机制一致。

证明：我们接下来主要通过分析式（3-5）的极限概率密度函数 $f^*(x)=0$ 来进行说明。根据式（1-8）、式（1-9）和式（3-5），有：

$$f^{*\prime}(x) = -C\exp[-V_{sto}(x)]V'_{sto}(x)$$

$$= \frac{2}{\varepsilon^2}C\exp[-V_{sto}(x)]x(1-x)\{[R+(1-\tau)qP]x+q\tau P - C_1 - \pi\rho\} \tag{3-6}$$

令 $f^{*\prime}(x) = 0$，则有：

$$f^{*\prime}(x) = 0 \Leftrightarrow x(1-x)\{[R+(1-\tau)qP]x+q\tau P - C_1 - \pi\rho\} = 0 \tag{3-7}$$

即有：

$$-Ax^3 + Bx^2 + Cx = 0 \tag{3-8}$$

其中：

$$\begin{cases} A = R+(1-\tau)qP \\ B = R+(1-\tau)qP + C_1 + \pi\rho - q\tau P \\ C = q\tau P - C_1 - \pi\rho \end{cases} \tag{3-9}$$

令：$y = x - \dfrac{B}{3A}$ （3-10）

则式（3-8）等价于：

$$-y^3 + \dfrac{3AC+B^2}{3A^2}y + \dfrac{2B^3+9ABC}{27A^3} = 0 \quad (3-11)$$

令：

$$\begin{cases} a = \dfrac{(2B^3+9ABC)}{27A^3} \\ b = \dfrac{(3AC+B^2)}{3A^2} \end{cases} \quad (3-12)$$

则式（3-11）变为：

$$-y^3 + by + a = 0 \quad (3-13)$$

式（3-13）即为标准尖点突变模型

$$\dfrac{dy(t)}{dt} = -\dfrac{\partial V_y}{\partial y} = -y^3 + by + a \quad (3-14)$$

的均衡点所满足的条件，其中 a 是正则变量，b 是分歧变量。这样，经过拓扑等价变换，团队知识共享行为动力学的极限概率密度函数关于可微众数的突变机制（$f^{*\prime}(x)=0$）演变为一个标准尖点突变模型，即 $f^{*\prime}(x)=0 \Leftrightarrow -y^3 + by + a = 0$，命题得证。

定理 3-1 说明在拓扑同胚变换下，团队行为变量 x(t)（方程（3-5））关于其可微众数的突变机理等价于方程（3-14）中变量 y 关于其均衡解的突变机理，它所依赖的两类变量正则变量与分歧变量取决于知识共享行为中所涉及的参数：知识水平 π、损失系数 ρ、协同成本 C_1、奖励程度 R、监督概率 q、惩罚程度 P 和分成比例 τ。

进一步地，根据式（3-7）和式（3-8），我们得出如下结论：

定理 3-2：团队知识共享行为动力学的极限概率密度函数关于众数与反众数总是存在分歧解。

证明：对于方程（3-14），当 $27a^2 - 4b^3 > 0$ 时，有一个均衡解；

当 $27a^2 - 4b^3 < 0$ 时，有三个不同的均衡解；当 $27a^2 - 4b^3 = 0$ 时，有三个均衡解（其中两个重合）。方程(3-14)的解发生分歧意味着均衡解由一个分歧出三个不同的，而这发生的充分必要条件是 $27a^2 - 4b^3 \leq 0$。借助式(3-9)与式(3-12)，上述不等式又等价于条件 $[R + qP - C_1 - \pi\rho]^2[q\tau P - C_1 - \pi\rho]^2 \geq 0$，而这总是处处成立的。由定理3-1可得，团队知识共享行为动力学的极限概率密度函数关于众数也会同样地产生一致的分歧解。命题得证。

根据定理3-2，考虑 $f^*(x)$ 的一种特殊的分歧情形，即分歧解对应着两个众数解和一个反众数解（至于另外的一种分歧情形即分歧解对应着两个反众数解和一个众数解，由于只有一个众数点和存在两个反众数点，因此在实际中团队行为对众数的选择随着参数的变化不会发生突变问题，也就不考虑这种情况）。我们感兴趣的问题是处在这种分歧态时系统的演化特征，以及当参数连续变化时团队知识共享行为动力学的突变特征。在这种分歧情况下，根据定理3-1，方程(3-5)的众数解与参数的对应关系就可以间接地通过标准尖点突变模型方程(3-14)和图3-1来表示。

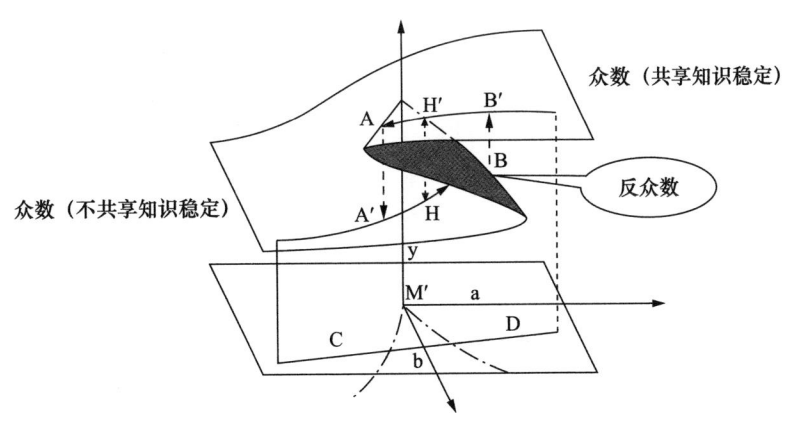

图3-1 方程(3-14)的均衡解与参数的对应关系

图中的曲面是参数平面中的点所对应的众数解分布情形。而根据定理3-2，模型（3-5）的极限概率密度函数的众数与反众数随着参数的变化所对应的关系只存在于平面中的虚线及其内部。可以看出，本章的定理3-1和定理3-2与上一章的定理2-1和定理2-2是基本相似的，这主要源于基于复制动态方程这一群体演化机制的统一性。接下来的重点是讨论具体的和知识共享问题相关联的各种参数与动力学演化的非线性突变问题的关系。

分析关注的重点是突变模型中的突变、双模态和滞后对本章提出的两类问题的解释力。借助随机突变理论，我们有如下两个结论即定理3-3和定理3-4。

定理3-3：当满足条件（3-15）时：
$$(R + qP - C_1 - \pi \rho)(q\tau P - C_1 - \pi \rho) \neq 0 \qquad (3-15)$$
团队的知识共享行为表现出双模态，同时由于外界随机扰动的存在而导致团队可以发生扰动性突跳，从而使得团队的表现是不稳定的。

证明：根据定理3-2的证明，当：
$$[R + qP - C_1 - \pi \rho]^2 [q\tau P - C_1 - \pi \rho]^2 > 0 \qquad (3-16)$$
时，$f^{*\prime}(x) = 0$ 的解分歧出三个，即两个可微分的众数和一个反众数，从而表现出双模态，而显然式（3-16）等价于式（3-15），因此式（3-15）成立就意味着团队行为演化的动力学表现出双模态。同时扰动的存在可以使得团队行为随机地在众数之间选择，从而表现出扰动性突跳，命题得证。

定理3-3带来的管理启示是：

（1）当团队运作的系统参数满足条件（3-15）时（对应于图3-1中就是各类参数取值在虚线内部，不包含虚线），团队行为的演化表现出对外界随机白噪声扰动的敏感性，此时团队行为很容易受到外部不确定性环境的影响。共享知识行为这一状态受到考验，对于团队来说如果内部激励不变，而发生了意外的向不共享知识行为即H'→H

的离散变化，那就说明是外部因素导致了团队行为的变化，而不是由团队本身的原因造成的。此种情况下为了避免发生由共享到不共享的变化，团队管理者要尽量保持团队运作的外部环境的平稳性，避免团队受到外部不良因素的影响。从这一点上来说，它可以用来解释本章提出的第一个问题即团队行为的离散变化机制。

（2）双模态的存在性表明，给定团队的同一组知识共享的激励，团队行为仍然会表现出不同（既可以选择共享行为 H′点，也可以选择不共享行为 H 点）。并非激励无意义，只是说明这取决于团队所处的初始的外部环境。从这一点意义上来说，它可以用来解释本章提出的第二个问题即激励失效问题。

为了直观地说明上述结论，本书接下来给出一个数值实例。考虑如下团队场景：$A=1$，$B=4/3$，$C=-1/3$，$\varepsilon=1/2$，根据式（3-9），则式（3-5）变为：

$$dx(t) = [x(t)(1-x(t))(x(t)-1/3)]dt + 0.5dw(t) \qquad (3-17)$$

团队行为演化过程（3-17）对应的极限概率密度函数含有两个众数：$x=0$，$x=1$。这样团队行为的发展方向可以在扰动存在的情况下单独地选择上叶中的众数（即共享知识行为，见图3-2），也可以单独地选择下叶中的众数（即不共享知识行为，见图3-3），也可以在两个状态之间来回摆动（见图3-4）。

从上面的讨论可以看出，定理3-3对本章所提出的两个问题具有解释力。实际上，还可以从另外一个角度对两个问题进行有力的解释。

上述团队行为演化过程中的不稳定性来自于此时系统所收到的外界其他组织扰动，当系统分歧出两个可供选择的众数时，表现出了对外界扰动的敏感性。然而，还有一类不稳定性源自于系统自组织的突变过程。随着团队内部结构参数的连续变化，即使外界扰动很小，当达到一定阈值时，系统的行为也会表现出不稳定性，体现为众数的突变，我们有如下结论：

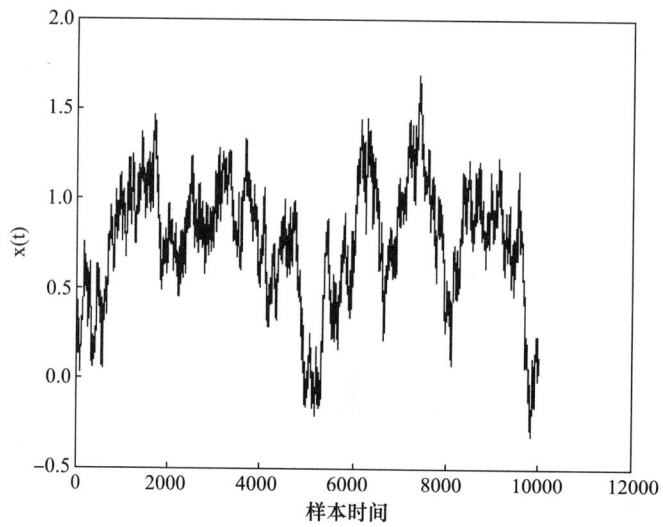

图 3-2 团队行为的发展方向之一：选择共享行为

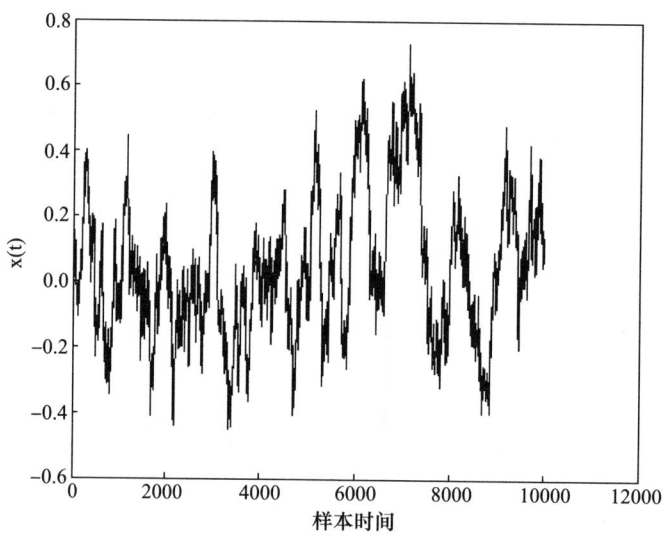

图 3-3 团队行为的发展方向之二：选择不共享行为

定理 3-4：针对团队知识共享行为演化的动力学模型（3-5），随着各类参数的连续变化，当其取值满足如下条件时，团队行为会发

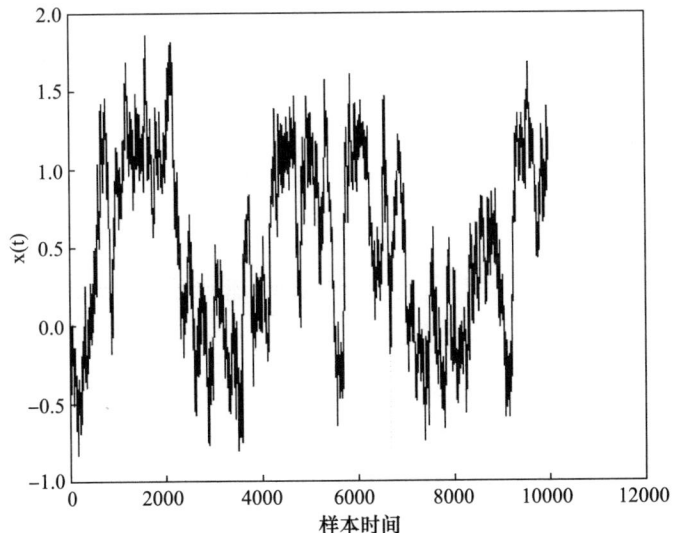

图 3-4 团队行为的发展方向之三：在共享与不共享之间摆动

生离散的变化即结构性突变，所有的突变发生的条件满足：

$$R + qP - C_1 - \pi\rho = 0 \text{ 或 } q\tau P - C_1 - \pi\rho = 0 \quad (3-18)$$

证明： 我们考虑随着参数发生连续变化而带来的系统变化，在图 3-1 中，假设当前系统的外界扰动很小，这说明在虚线内部，系统所选择的众数总是在同一叶上，例如下叶，若参数沿着直线 C→D 变化时，当到达右侧虚线时，此时下叶中的众数已经能改变为反众数，系统必然要跳跃到上叶中的众数（B→B'）。这种跳跃并非由于扰动的存在，而是系统自组织选择的结果。类似地，可以分析参数沿着直线 D→C 变化的情形，此时跳跃发生在虚线的左边。这样我们就找到了系统发生自组织突变的集合，即虚线集合，而虚线满足的数学表达式即式（3-18）。命题得证。

定理 3-4 中出现的这类离散变化即结构性突变是源于系统参数的连续变化。在这里我们必须首先说明团队行为演化时各类参数发生连续变化的可能性和必然性，这也是为了说明定理 3-4 的实用性。实践中，关于团队激励机制的、成员之间交互属性的、知识资源和成员自身素质的参数总是会发生变化。例如，随着知识交互的进行，知识本身的价值π可能会由于依赖性的下降而下降；用于协同工作产生的协调和交流成本 C_1 随着员工之间达成默契也会降低；而用于监督"搭便车"行为的监管程度 q 可能会由于管理者的疏忽而降低或者由于有效的管理而提高，此类的变化总是有实践基础的，因此研究团队行为的结构性突变就成为了一种必要。同时更为重要的是，此类变化源于系统的自组织。相比源于外界干扰而发生的扰动性突跳，此类变化更加难以发现，因此对于团队运行来说，当团队的外部环境很平稳时，要想发现潜在的团队运行风险，此结论就显得尤为重要。

定理 3 - 4 带来的管理启示如下：

(1) 离散与连续变化。传统的认识告诉我们，随着参数的连续变化，系统的状态也仅仅会发生连续的变化，这使得突变问题很容易被忽略。而定理 3 - 4 说明在团队知识共享行为中存在着参数的连续变动带来系统的离散变化这一非线性现象，因此要引起重视，而本书的贡献是为管理者找到了突变管理机制。

(2) 实质变量—非实质变量。从是否引起团队行为发生突变这一标准来看，本书模型中的变量可以分为两大类。从定理 3 - 4 中可以发现，现实中造成团队行为发生突变的实质性变量是知识水平 π、损失系数 ρ、协同成本 C_1、奖励程度 R、监督概率 q、惩罚程度 P 和分成比例 τ，七个参数中的每一个变量在连续变化以至于当其取值满足式（3 - 18）附近时，即使发生微小的变动，也有可能导致团队发生系统性的突变（可以发生由共享到不共享的坏的突变，也可能发生由不共享到共享的好的突变），就是说此时团队行为对七个参数的取值是极其敏感的。

协同效率 δ、学习成本 C_2、吸收转换新知识的能力变量 γ 和知识的可共享度 β 并非造成团队行为发生突变的实质性变量，它们的变化只能导致系统均衡性质的连续变化。这一点对实践的作用是修正了传统上的看法，即针对非线性现象的产生，认为模型中任何一个变量的连续变化都会存在一个阈值，在该阈值附近系统会发生突变，而本书说明了系统演化动力学中的参数并非全是导致系统发生突变的实质性变量，有些只会引起均衡性质的渐变。从这个意义上来说，团队行为的演化结果可以根据历史和系统参数的发生进行预测。

（3）稳定—突变。相比于管理和控制逐渐恶化的行为，管理实践中的突变更加具有挑战性和复杂性。本书关注的重点不是当前条件下团队行为的某个均衡态如共享知识或者不共享知识是否具有稳定性和如何控制其不稳定性，而是首先假设团队行为如共享知识在当前条件下是稳定的，然后在此前提下，研究团队行为随着系统参数的连续变化是否会引起团队行为发生不可预测的结构性突变。如果存在，那么这种突变发生的临界点就是关注的重点，本书的价值就是找到了这个临界集合。

（4）团队行为的进化稳定策略与演化动力学的众数关系。传统的演化博弈论关于式（3-4）的分析指出，动态稳定的均衡解、势函数的极小点和 ESS 是等价的，而根据随机突变理论，式（3-4）的势函数的极小点与式（3-5）中的极限概率密度函数的众数是等价的。在随机突变理论中，研究系统的突变问题就是研究随着系统参数的连续变化而导致的系统的众数发生突变的机制。因此，极限概率密度函数的众数的研究，间接地起到了研究团队行为演化博弈的 ESS 突变的作用。也就是说，本书在随机突变理论研究的框架下，实质上是研究团队的 ESS 的突变行为，从理论上丰富了对博弈的 ESS 的研究。

（5）滞后效应对团队行为的解释。通过定理 3-4 的证明我们可以看出，随着参数的连续变化，其变化方向不同，突变发生的临界点就不同，这就是突变机制发生的滞后现象。当团队由知识共享行为突然变为不共享知识之后，管理者在未来要付出更高的代价才能让员工重新选择共享知识行为。这可以解释为当成员由共享知识变为不共享知识时,成员之间或者成员与管理者之间的信任受到了损失,这种信任的缺失使得管理者要付出很大的代价才能重新建立起来,这也从反面说明"防患于未然"的管理常识的重要性。该结论可以用来有力地解释本章提出的第二个问题:虽然采用了同样的激励制度但成员依然不共享知识,是因为滞后效应的存在性,使得团队不会选择共享行为。为了出现知识的共享,团队必须依然进一步地提高激励待遇。

第五节 模型数值仿真

为直观地说明突变过程,本书针对参数监督强度 q 进行数值模拟,考虑给定具体场景,管理者出于某种需要主动地改变监督强度或者客观上监督机制自发地发生改变,当其连续变化并且取值满足条件(3-18)时,观察团队的状态 x(t) 前后是否发生突变。

我们设定如下场景,令:

$R = 2.5$,$P = 5$,$C_1 = C_2 = 2$,$\pi = 10$,$\rho = 0.1$,$\tau = 0.8$,$\delta = \gamma = \beta = 0.5$,$\varepsilon = 0.5$ (3-19)

则表 3-1 变为表 3-2,团队知识共享行为演化的动力学式(3-5)变为:

$$dx(t) = \{x(t)(1-x(t))[(2.5+q)x(t)+4q-3]\}dt + 0.5dw(t)$$
(3-20)

表 3-2 团队成员之间的知识共享博弈矩阵(实例)

Player A \ Player B	共享	不共享
共享	15, 15	7+4q, 15.5-5q
不共享	15.5-5q, 7+4q	10, 10

根据式（3-18）和定理3-4，我们得出在场景（3-19）下，连续改变监督程度 q 时，团队行为演化的动力学式（3-20）的状态 x(t) 前后发生突变的条件是 q=0.1 或 q=0.75，我们通过数值模拟来验证这一结论是否可靠。取两组连续变化值，分别令 q 取值：q=0.6、0.65、0.7、0.75、0.8，q=0.4、0.3、0.2、0.1、0，我们得出式（3-20）的时间序列，如图 3-5～图 3-14 所示。

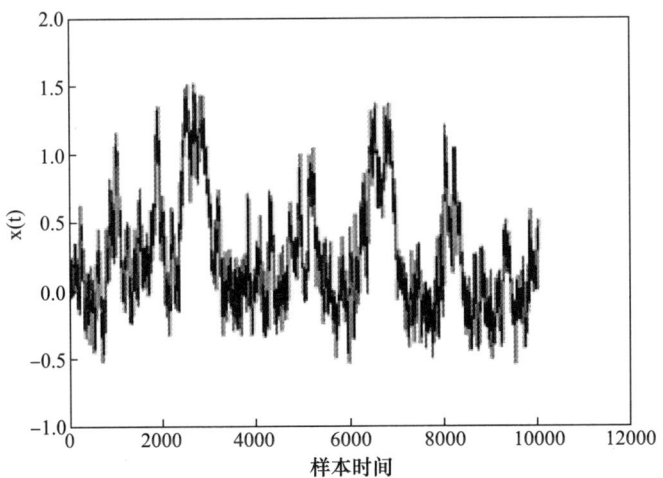

图 3-5　知识不共享（q=0.6）

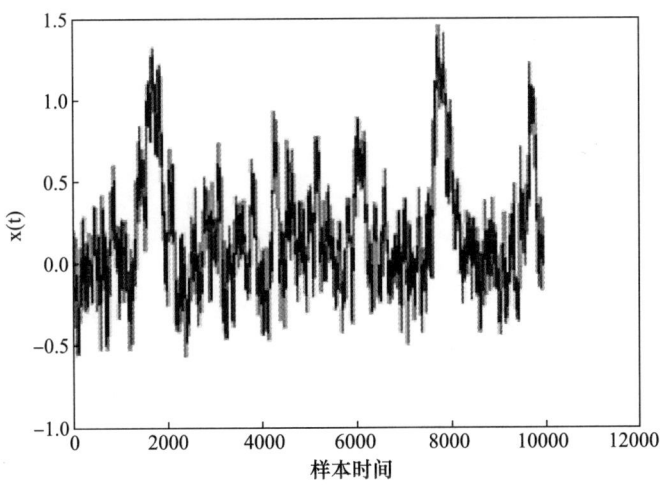

图 3-6　知识不共享（q=0.65）

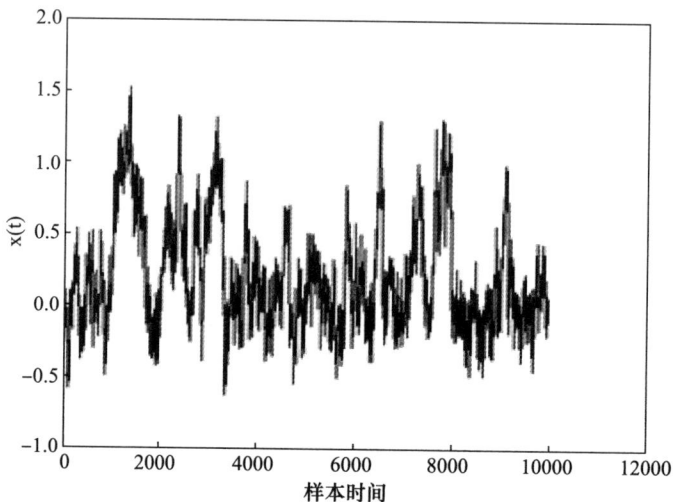

图3-7 知识不共享（q=0.7）

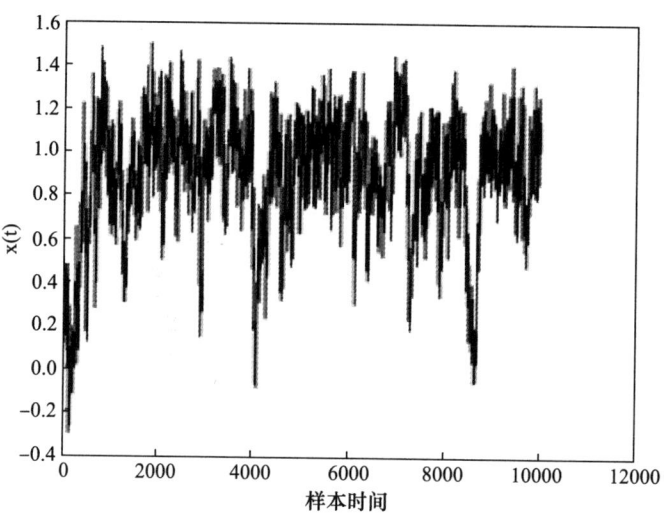

图3-8 知识共享（q=0.75）

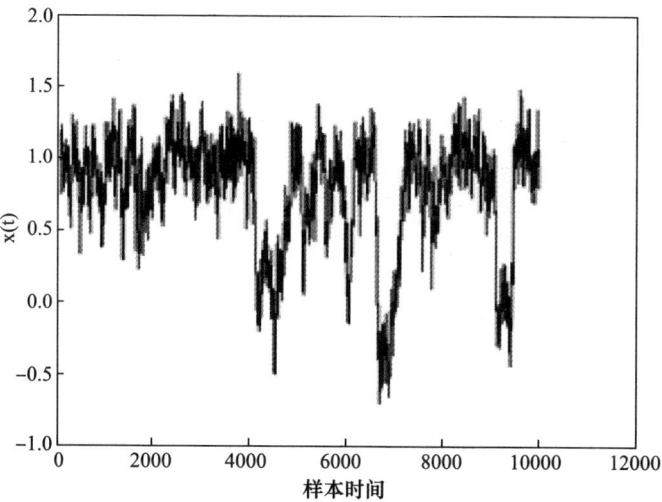

图3-9 知识共享（q=0.8）

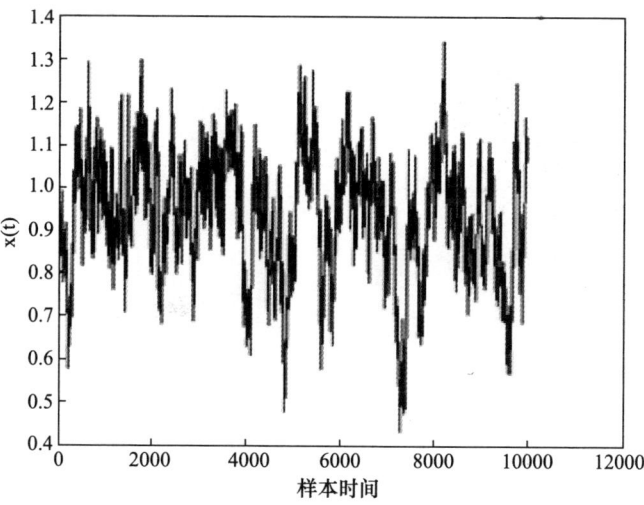

图3-10 知识共享（q=0.4）

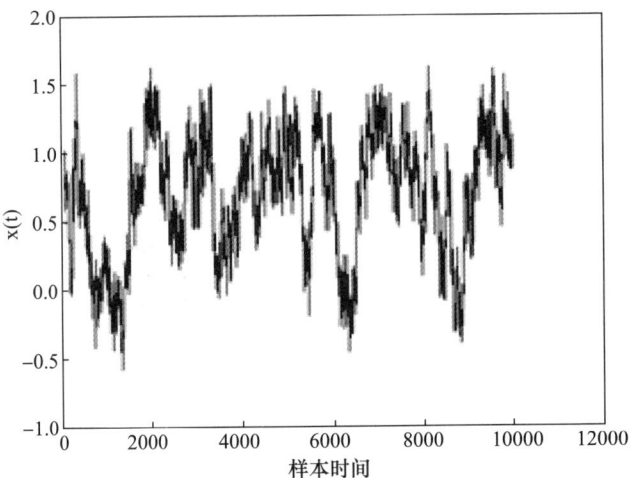

图 3-11 知识共享（q=0.3）

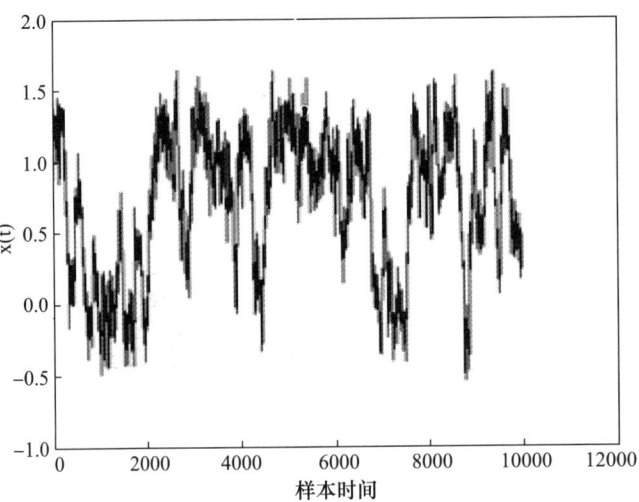

图 3-12 知识共享（q=0.2）

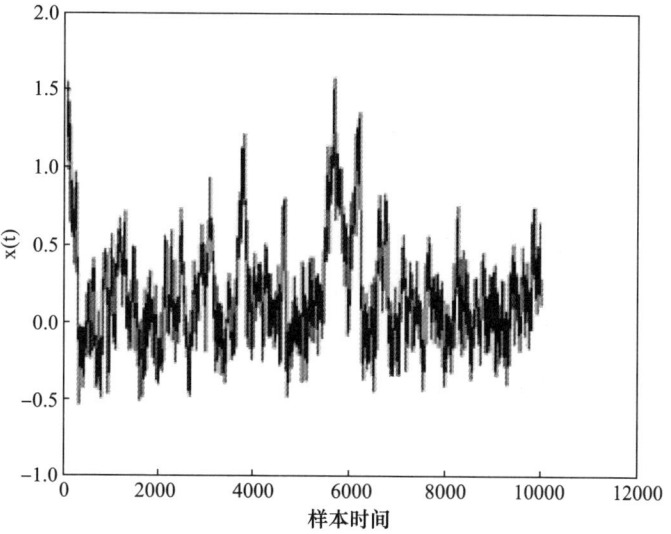

图 3-13 知识不共享（q=0.1）

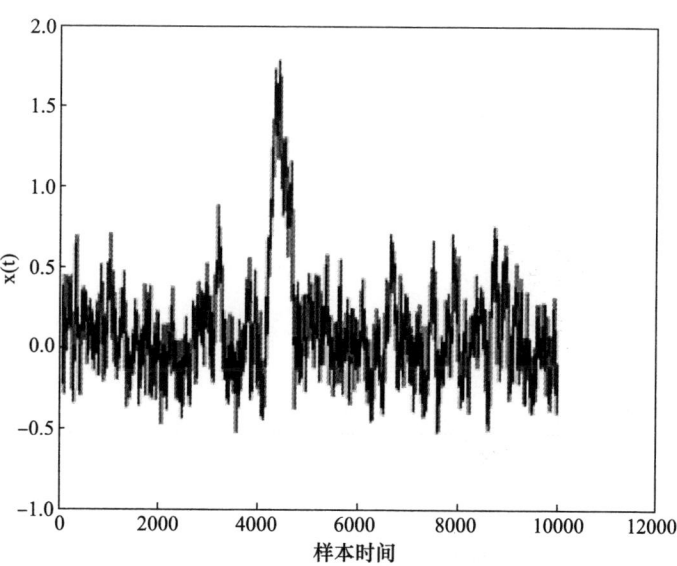

图 3-14 知识不共享（q=0.0）

从图 3-5 到图 3-7 中可以看出，此时团队行为是不共享知识，但是当监督强度增加到 q=0.75 时（见图 3-8），行为发生了突变，变成了共享知识。同样从图 3-10 到图 3-12 可知，团队行为是共享知识，而随着监督强度的下降，到达 q=0.1 时（见图 3-13），团队行为突变为不共享知识。这种突变不是由于外界的扰动引起的，而是由于参数的变化导致产生自组织突变，是系统自我演化的结果。

同时我们也可以发现滞后现象。根据定理 3-3 我们发现，当 $q\neq0.1$ 且 $q\neq0.75$ 时，团队行为是具有双模态特征的，针对从图 3-10 到图 3-12，我们假设系统选择了共享知识这一行为（反映到图 3-1 中就是选择点 A），同时假设此时外界扰动对团队的影响被忽略了，这样可以保证不产生扰动性突跳。此时由于团队管理者的疏忽，导致监督程度下降，那么随着其不断下降（在图 3-1 中就是在控制平面中参数由 D 到 C 变化），当到达 C 点时，就会发生由知识共享 A 到不共享知识 A′的结构性突变。在此之后，团队管理者为了重新让团队保持知识共享行为，当选择原来的监督激励程度如 q=0.4 或者 q=0.6 时，团队行为都不会发生变化，虽然此时具有双模态性质，但是初始状态和外界扰动的可忽略性不足以使得团队行为通过发生扰动性突跳而变为共享知识行为，那么为了使得团队行为发生向共享知识的离散变化，必须借助于系统的结构性突变，但是这要付出极大的代价，必须让监督强度达到 q=0.75 时，团队才有发生突变的条件，而不是原来可以实现共享知识的条件：$0.1<q<0.75$。

本章小结

在关于团队成员之间知识共享行为的随机演化博弈模型研究中，

发现对由同质成员组成的团队，其行为演化动力学的突变性质与变量协同效率 δ、学习成本 C_2、吸收转换新知识的能力变量 γ 和知识的可共享度 β 无关，只与变量知识水平 π、损失系数 ρ、协同成本 C_1、奖励程度 R、监督概率 q、惩罚程度 P 和分成比例 τ 相关。对于现实中团队知识共享行为发生的突变，其来源一方面是在双模态区由于外界随机干扰的影响而发生的扰动性突变，另一方面是团队演化的自组织突变。在研究中表明，滞后现象的存在反映了管理决策中保持共享行为比治理不共享行为更加可取。

作为后续研究，未来将讨论由多群体成员组成的团队知识共享行为的突变性问题，同时把变量协同效率 δ、学习成本 C_2、吸收转换新知识的能力变量 γ 和知识的可共享度 β 作为考虑的对象，来完善团队知识共享行为的研究。

第四章 基于随机尖点突变理论的心理契约建立—破坏的研究

纵向的实证研究表明，员工的心理契约变化表现出了非线性动力学特征，包括突变、滞后和双模态等，此类特征是尖点突变模型所独有的，因此本章以企业组织微观上的员工心理契约动力学为研究对象，借助突变理论从数理模型的视角来系统分析心理契约动力学演化过程中所出现的非线性特征，为员工心理契约的管理提供理论依据。

第一节 问题的引入

我国是一个人口大国，人力资源占据着充分的优势地位，而这种地位又往往使得部分企业过分地依赖这种劳动力低成本优势，而忽视了对员工内在需求和期望的关注。对员工关注不足，会使得员工与企业之间的心理契约关系受到影响，导致心理契约的破坏，从而引发各种不良后果。

自从 Rousseau（1989）给出了狭义的基于员工单维角度的心理契约定义以后，心理契约的研究得到了快速的发展。心理契约破坏是员工对组织未能完成在心理契约中所承担责任的认识和评价。研究表明，心理契约破坏会对员工的情感、态度和行为产生负面影响，因此成为心理契约研究领域的重要课题。研究者对心理契约破坏的前因变量以及破坏与结果的调节变量问题进行了大量探讨，然而如何有效预防破坏的产生一直是一个没有得到有效研究的课题。一些学者（包括Rousseau、Robinson和Conway等）通过研究一致认为心理契约破坏与心理契约建立的转换过程并非像很多实证研究（Lambert，2003）所认为的是一个线性可逆过程。心理契约一旦破坏，就很难重新建立起来，或者说由于彼此信任的破坏，需要更多努力才能重新建立起有效的心理契约水平。管理者对员工采取一定程度的激励，可以使员工保持心理契约建立状态，但是一旦破坏后，即使在当前激励程度下，员工的心理契约依然会处于破坏状态。Conway（2011）通过纵向实证研究发现，同样程度的心理契约建立与心理契约破坏，心理契约破坏对员工造成的影响更深，反映了一种不可逆性，员工心理契约破坏的发生表现了一种突变性。

有了上述理论依据，心理契约破坏的内在机制这一"黑箱"可以由非线性动力学概念——突变理论来揭开。因为三类现象正对应于突变模型中的滞后、双模态和突跳现象，它们是突变模型所独有的，而传统的数学模型无法有效地对它们进行解释。虽然现有的Logistic模型可以用来描述快速变化等现象，但是却无法描述诸如双模态和滞后等特征。突变理论分为经典突变理论（Element Catastrophe Theory，ECT）和随机突变理论（Stochastic Catastrophe Theory，SCT），它们都是用来描述系统行为的"均衡性质"随着参数的连续变化而发生意外的不连续变化的工具。SCT的研究对象是以随机微分方程所表示的系统，它用来描述和解释反映随机扰动系统"均衡性质"的众数突变。在实际中员工心理契约水平的变化总是会经受一定不确定性的扰动（可以是主观因素，也可以是客观因素），因此本书运用SCT分析心理契约建立—破坏的内在突变机制，为解释和预测心理契约破坏的发生提供理论依据。

第二节　员工心理契约动力学演化的尖点突变模型

滞后、双模态和突跳等在心理契约破坏过程中的存在性，为利用突变模型描述心理契约建立—破坏动力学提供了有效的理论基础，同时心理契约破坏的发生作为一种突变现象，可以通过突变理论来得到有效的分析。

一、心理契约动力学的经典尖点突变模型

在传统的七种经典突变模型中，尖点模型由于其结构的简单性和内容的丰富性，在实践中得到了广泛的应用。在尖点突变模型中，可以发现滞后、双模态和突跳等典型突变特征，而这正对应于心理契约破坏过程中所表现出来的一些现象，因此用尖点突变模型来表述心理契约动力学是合理的。这样员工心理契约水平演化的动力学方程可以由式（4-1）所示的尖点模型来描述：

$$dx/dt = -x^3 + \beta x + \alpha \qquad (4-1)$$

其中，员工心理契约水平 y 由一个线性变换 $x = (y - \lambda)/\tau$ 来处理，而 λ、τ 是变换参数，这样可以保证式（4-1）更合理地描述心理契约突变机制。参数 α 是正则因子，β 是分歧因子。在实际中，两类控制参数是作为一些影响心理契约水平变化的独立变量的函数而存在的。例如，根据现有的关于心理契约前因变量的实证研究，员工的人格变量和企业的组织氛围变量都能够有效影响心理契约的水平。

二、心理契约动力学的随机尖点突变模型

式(4-1)是一个确定性的常微分方程,没有考虑不可知的随机因素带来的干扰。然而实际中,作为一种心理变量,员工心理契约的波动过程是一个复杂系统,其变化不仅会受到人格和组织氛围的影响,还有很多不可预见的内外部因素对其构成影响,且这种影响在某些情况下是不可忽略的。因此,在式(4-1)的基础上引入一个合理的布朗运动扰动项来描述这些随机干扰,我们得出如下方程:

$$dx = (-x^3 + \beta x + \alpha)dt + \sigma dw(t) \tag{4-2}$$

其中,σ反映了所受到的扰动强度,我们假设它为一个正常数,表示前后心理契约受到的扰动来源和强度是一致的。

这样,我们在形式上找到了一种描述员工心理契约动力学演化的工具,即式(4-2)。接下来主要考虑如何借助式(4-2)对心理契约动力学的突变机制进行分析,可以看出,有效的分析离不开对变量α、β、λ、τ的确定,因为此时式(4-2)只是一个笼统的概念,至于心理契约变量y与人格变量和组织氛围变量之间的具体关系到目前为止还是一个"黑箱",还无法进一步从定量角度获得心理契约动力学的演化特征。

在突变理论应用的历史上,突变机制的定量分析方法在硬科学领域应用比较广泛,也比较成熟,因为在该领域系统的动力学模型比较容易获得;而与之相比,在软科学领域如经济、社会和心理学领域中,由于系统的定量模型难以获得,突变机制的分析在早期主要以定性分析为主,直到后来出现了一些依靠实证数据对突变模型进行拟合的统计方法后,定量分析才开始得以进行。

心理契约作为一个心理学术语,由于个体的差异性和测量的困难,其动力学演化的数学模型很难建立起来,因此现有的相关研究主要以借助横向和纵向数据的实证研究为主,数理模型基本上不存在。如果

只是单纯地对心理契约动力学进行定性的突变分析，则已无必要，因为实证研究已经给出了相关的突变特征的证明及定性分析，因此本书是着眼于突变机制的定量分析的。突变特征的存在性已经为我们利用突变模型拟合心理契约动力学提供了有力的保障。接下来，为了尽可能获得与实际数据相符的突变拟合模型，一方面我们要搜集大量数据，另一方面我们还要借助经典的突变模型拟合方法，从众多的拟合模型中依据一定的择优标准，获得最优匹配模型，在此基础上就可以对心理契约动力学进行定量分析了。

第三节 尖点突变模型的拟合

一、搜集数据

2011年上半年，本研究团队的全体成员针对武汉多家知识密集型企业进行了调研。在这个过程中，采取了访谈和发放问卷等形式。发放问卷的对象主要是企业的基层员工，测量内容包括心理契约、人格和组织氛围等变量。

心理契约的测量是采用员工感知的角度，即员工个体对于相互责任与义务的信念系统，包括员工感知到的"组织对其承担的责任"（简称"组织责任"）和"其对组织承担的责任"（简称"员工责任"）两个维度。研究中，两个维度的内部一致性系数分别为0.69、0.74，总问卷信度为0.89，信效度良好。关于人格变量采用Goldberg编制的大五人格问卷简式问卷，包括神经质、责任感、外向性、宜人性和开放性五个分问卷，各分问卷均有五个项目，共25个项目。各分问卷内部一致性系数分别为0.59、0.76、0.49、0.73、0.55，问卷总项目的内部一致性系数为 0.69。组织氛围变量的测量参考 Litwin 和 Stringer 的经典量表和谢荷锋编制的组织氛围量表，在访谈基础上进行语义修改形成最终量表。量表主要包括创新氛围、公平氛围、支持氛围、人际关系氛围、员工身份认同氛围五个维度。各分量表的内部一致性系数分别为 0.83、0.82、0.72、0.80、0.76，总量表项目的内部一致性系数为 0.94。对于所有问卷的处理我们全部采用了严格的双向翻译，问卷采用李克特五点计分法（Five – Point Likert Scale）。

问卷针对的测量对象是武汉若干通信企业中的员工，发放问卷 310 份，回收 283 份，回收率 91.29%，其中有效问卷 269 份，有效回收率 86.77%。其中，男 166 人，女 103 人；已婚 139 人，未婚 130 人；本科学历 124 人，硕士及以上学历 145 人；平均工作年限 3.63 年；平均年龄 29.3 岁。

二、尖点突变模型拟合方法和 Cuspfit 软件

拟合估计方法是使用最广泛的由 Cobb 创立的极大似然估计理论，后来在此基础上学者 Hartelman 开发出了专门针对尖点突变模型进行估计的 Cuspfit 拟合软件。

该方法的基本思路是针对标准尖点突变模型即式（4 – 2）的极限概率密度函数：

$$f^* = C(\alpha, \beta)\exp\left(-\frac{1}{4}x^4 + \frac{1}{2}\beta x^2 + \alpha x\right) \qquad (4-3)$$

使用极大似然估计法求得最优参数取值组合。其中：

$$\begin{cases} x = (y - \lambda)/\tau \\ \alpha = \alpha_0 + \alpha_1 x_1 + \alpha_2 x_2 + \cdots + \alpha_n x_n \\ \beta = \beta_0 + \beta_1 x_1 + \beta_2 x_2 + \cdots + \beta_n x_n \\ C \text{ 是积分常数} \end{cases} \qquad (4-4)$$

需要估计的参数包括 λ，τ，α_0，α_1，α_2，$\cdots$，α_n，β_0，β_1，β_2，$\cdots$，

β_n,而 y,x_1,x_2,$\cdots$,x_n 是待观测的实际变量。

针对上述突变模型拟合思路,Cobb 开发了一套计算机算法来进行处理。在该算法中,针对同一组样本值,Cobb 比较了尖点突变模型与线性模型匹配的优劣性,然而此算法的稳定性不是很好,后来学者 Hartlman 开发了一套替代算法(即 Cuspfit 软件)解决了此问题。在该算法中,不仅比较了线性模型和尖点突变模型之间的优劣,还引入了 Logistic 非线性模型与尖点突变模型的匹配优劣。同时这种匹配优劣取决于两类标准的判定:赤池信息准则(Akaike Information Criterion, AIC)和贝叶斯信息准则(Bayesian Information Criterion,BIC),两个判定标准取值最小的模型拟合效果最好。Cuspfit 软件允许存在含有约束的拟合模型,即可以人为地设定若干参数取值为零,这样最终的拟合结果就会得到很多组,而若要找到具有最优拟合效果的那一组参数值,则也需要上述两类判定标准。

三、拟合结果

根据现有的实证研究,员工的人格变量和组织氛围变量能够有效预测心理契约水平,因此本书将人格变量(记为 x_1)和组织氛围变量(记为 x_2)作为独立控制变量,并且根据拟合估计方法的一般原理假设有:

$$\begin{cases} \alpha = \alpha_0 + \alpha_1 x_1 + \alpha_2 x_2 \\ \beta = \beta_0 + \beta_1 x_1 + \beta_2 x_2 \end{cases} \quad (4-5)$$

而参数 λ、τ、α_0、α_1、α_2、β_0、β_1、β_2 是待估计的变量。

搜集到上述有效数据(N = 269)后,接下来运用 Cuspfit 软件,对上述参数进行拟合估计。由于事先并不知道两类独立观测变量对正则因子和分歧因子的贡献水平,因此也引入含有约束的尖点突变模型的存在性。所以可以允许 α_1、α_2、β_1、β_2 中的某些值为零,例如,如果知道组织氛围对正则因子 α 没有影响,可以设定 $\alpha_2 = 0$,其他的类似进行推理，这样最终得到 16 组尖点拟合模型，如表 4-1 所示。

表 4-1 尖点模型拟合结果一览

Model	α_0	α_1	α_2	β_0	β_1	β_2	λ	τ	Par	AIC	BIC
1	-3.68	0.00	0.00	-5.00	-0.40	0.00	1.61	2.55	5	727	745
2	-5.00	0.00	0.00	2.50	0.00	-1.62	5.00	2.35	5	552	569
3	-1.22	0.28	2.52	-5.00	0.26	0.00	0.34	1.71	7	548	573
4	-1.94	0.25	0.25	-5.00	0.00	-0.14	0.57	1.73	7	549	573
5	-5.00	0.56	0.00	2.54	0.14	-1.62	5.00	2.34	7	553	578
6	-5.18	0.00	2.50	-5.00	0.37	0.21	-0.03	1.71	7	551	575
7	-1.47	0.25	2.52	-5.00	0.00	0.00	0.42	1.72	6	547	568
8	-5.00	0.00	0.00	2.53	-0.14	-1.62	5.00	2.34	6	552	573
9	-1.22	0.00	2.47	-5.00	0.00	-0.23	0.66	1.75	6	549	570
10	-5.00	0.29	0.00	2.54	0.00	-1.62	5.00	2.34	6	552	573
11	-0.57	0.00	2.50	-5.00	0.30	0.00	0.16	1.71	6	543	561
12	-1.10	0.26	0.00	-4.27	0.00	0.00	0.50	2.21	5	727	744
13	-1.40	0.00	2.51	-5.00	0.00	0.00	0.40	1.73	5	547	565
14	-1.07	0.27	0.00	-4.28	5.25	0.00	0.48	2.21	6	729	750
15	-1.10	0.00	0.00	-4.21	0.00	0.00	0.50	2.22	4	728	742
16	-1.79	0.31	2.50	-5.00	0.28	-0.18	0.53	1.73	8	549	570

可以发现，第 11 组模型（AIC=543，BIC=561）对数据的匹配是最优的，因为两类判断标准 AIC 和 BIC 取值最小，它所对应的随机尖点模型的动力学方程是：

$$dx = (-x^3 + \beta x + \alpha)dt + \sigma dw(t) \quad (4-6)$$

其中：

$$x = \frac{(\hat{y} - 0.16)}{1.71}, \ \alpha = -0.57 + 2.5x_2, \ \beta = -5.00 + 0.3x_1 \quad (4-7)$$

而 $\hat{y}$ 是心理契约水平 y 的拟合回归值。

第四节 突变分析

根据拟合结果式（4-6）与式（4-7），并且同时引入随机尖点突变模型的一些典型特征，这样心理契约变量与人格变量和组织氛围变量之间的关系可以由图4-1来描述。

接下来针对心理契约演化模型式（4-6）与式（4-7），运用随机突变理论中的一般原则并结合图4-1，系统地分析心理契约建立—破坏这一离散变化的内在机理，以及说明变化过程中所表现出来的特征。在图4-1中将曲面上叶视为心理契约建立状态，将下叶视为心理契约破坏状态，从中可以直观看出心理契约建立—破坏的离散过程。

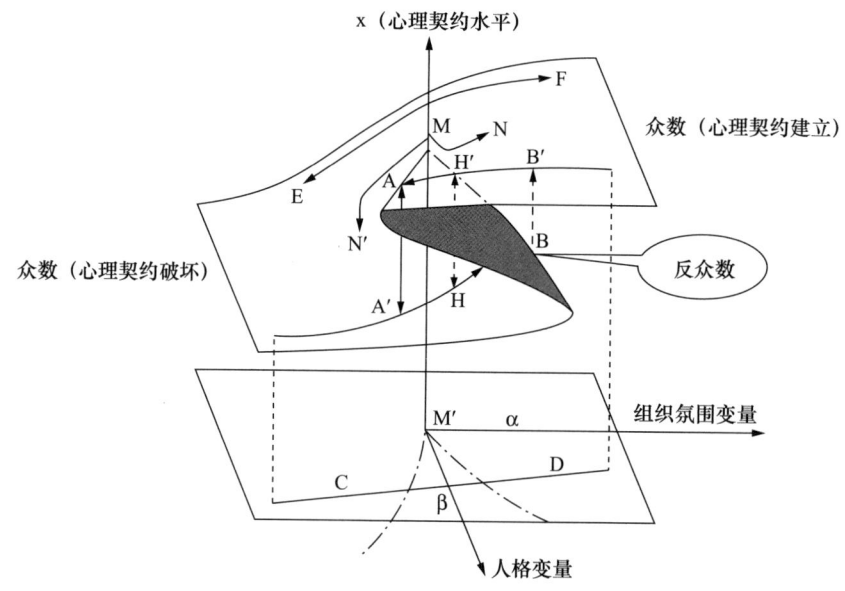

图4-1 心理契约变量与人格变量和组织氛围变量之间内在关系示意图

一、理论分析

随机分歧的定义说明，研究一个描述心理契约演化的随机过程均衡态的突变机制，等价于研究反映其"均衡性质"的极限概率密度函数关于众数的突变机理。根据图4-1，我们可以得出一系列的相关结论。

（1）正则因子与分歧因子的作用。

在式（4-7）中，与正则因子 α 相关的独立变量是组织氛围变量，与分歧因子 β 相关的独立观测变量仅仅是员工人格变量。而在突变理论中，正则因子决定发生突变的位置，而分歧因子决定发生突变的程度。将这一结论应用于模型（4-6）时，将建立与破坏行为看做心理契约均衡态的离散变化（它可以属于扰动性突跳，也可以属于结构性突变），那么对于结构性突变有：

命题4-1：在员工心理契约演化过程中，随着组织氛围和人格变量的不断变化，心理契约所有发生结构性突变（由建立到破坏或者由破坏到建立）的位置取决于组织氛围变量，而员工人格变量决定突变程度的大小。

心理契约本质上是联系员工与组织的一个心理纽带，而命题4-1说明，现实中员工心理契约破坏的产生源于多变的组织氛围本身，而内在的人格变量水平决定了这种破坏的程度。这说明了不同素质的员工针对同一破坏行为的评价不同，从而导致不同的行为结果。

（2）双模态与扰动性突跳。在参数平面的某些区域中（分歧集合 $27\alpha^2 - 4\beta^3 < 0$，即图中虚线内部），一个参数组合点下，心理契约水平存在着两个稳态：建立与破坏，这种现象称为双模态现象。双模态的存在性构成了心理契约发生扰动性突跳的基础。当扰动因素所起的作用足够大时，心理契约当前的均衡态就会在它们之间来回跳跃。

命题4-2：随着组织氛围和人格变量的不断变化，当心理契约存在双模态时（即分歧集合 $27\alpha^2 - 4\beta^3 < 0$），外界的随机干扰会使得心理契约的均衡态发生扰动性突跳（即 H 与 H′ 之间的相互转换），这种突跳可以是由建立到破坏，也可以是由破坏到建立。

扰动性突跳的存在性，说明在某些情况下心理契约水平对外界扰动的敏感性。外界扰动是一个更加要关注的管理激励因素，此时要防止大的扰动的出现，以避免由此带来的从建立到破坏的突跳。同时从图中双模态区域的分布可以看出，即使员工人格水平很高，对于组织氛围而言，总是存在着一个不稳定的缓冲区即双模态区域，只有越过了这个缓冲区后，员工心理契约水平的变化才比较平缓，才可根据历史情形进行预测。

（3）结构性突变。随着组织氛围和人格变量的不断变化（如沿着直线 CD），当穿越分歧集合边缘即虚线时（满足 $27\alpha^2 - 4\beta^3 = 0$），即使心理契约当前受到外界的扰动影响很微弱，但由于当前均衡态不再具有稳定性，心理契约系统通过自组织跃迁，达到远离当前状态的另一个稳态，从而发生离散变化，这一变化就是结构性突变，是源于系统的自组织相变。

命题 4 – 3：当组织氛围和人格变量的变化穿越分歧集合边界时（满足 $27\alpha^2 - 4\beta^3 = 0$），心理契约水平会发生结构性突变，这种突变可以是由建立到破坏（由 A 到 A′，因为状态 A 不再稳定），也可以是由破坏到建立（由 B 到 B′，因为状态 B 不再稳定）。

结构性突变的存在，说明在某些情况下心理契约水平对组织氛围和人格变量连续变化的敏感性。此时人格变量和组织氛围变量作为侧重点，是一个更加要关注的激励因素，以避免越过某些临界值而导致由建立到破坏状态的结构性突变。

（4）滞后现象。当组织氛围和人格变量沿着不同的方向经过直线 CD 时，心理契约发生结构性突变的位置不同。当由 C 到 D 时，心理契约会发生由破坏到建立的离散变化，突变位置发生在虚线右侧，而

第四章 基于随机尖点突变理论的心理契约建立—破坏的研究

由 D 到 C 时,员工心理契约会发生由建立到破坏的离散变化,突变位置发生在虚线左侧,这一特征被称为结构性突变的滞后现象。而突变的位置不同,说明心理契约由破坏到建立对人格变量和组织氛围变量的要求程度明显大于由建立到破坏的要求程度,换句话说,心理契约一旦破坏,就很难建立起来。

命题 4-4:在员工心理契约的随机尖点突变模型中,滞后现象的存在性从理论上可以验证心理契约一旦破坏就很难建立起来这一问题。

(5) 关于发散现象。Ploeger 等(2002)在研究中发现伴随滞后现象必然发生另一种非线性现象,即发散。发散是指在某些区域附近(即 $\alpha=0$,$\beta=0$,图 4-1 中的点 M'),心理契约演化的均衡态表现出对正则因子组织氛围变化的敏感性。当在 M'附近时,组织氛围微小的增加或者减少,就会导致员工心理契约最终的水平发生很大的变化,表现为 MN 与 MN'的发散。组织氛围此时作为关键性敏感变量要引起重视。

命题 4-5:当组织氛围和人格变量取值满足 $\alpha=0$、$\beta=0$ 时,员工心理契约水平的演化会表现出对组织氛围变量的敏感性,组织氛围变量值的增加会促使心理契约建立,而组织氛围变量值的减少会导致心理契约破坏。

(6) 关于连续变化。心理契约的演化也并非总会发生离散变化现象,在分歧区域之外,即当 $27\alpha^2-4\beta^3>0$ 时,心理契约只有一个稳定的状态,那么组织氛围和人格变量的连续变化只会使得心理契约的这种稳态解发生连续变化。特别地,当 $\beta=-5.00+0.3x_1<0$(即人格变量满足 $x_1<50/3$)时,必然有 $27\alpha^2-4\beta^3>0$。针对图 4-1 中的 EF 区域,心理契约水平的变化只会随组织氛围和人格变量的连续变化而连续变化。从这个意义上讲,心理契约水平根据前后历史情形是可以预测的。

命题 4-6:当组织氛围和人格变量满足 $27\alpha^2-4\beta^3>0$ 时,员工心理契约水平的演化只会随着组织氛围和人格变量的连续变化表现出连续的变化，不会发生离散事件。

二、数值仿真

为了验证心理契约在演化过程中，当组织氛围和人格变量穿过某些特殊阈值时是否发生扰动性突跳和结构性突变，在此做一些数值实验，以期得出直观的结论。

（1）双模态和扰动性突跳的验证。设定 $\beta=48$，则依据命题4-2，当 α 连续变化，并保证 $27\alpha^2-4\beta^3<0$ 时，心理契约存在双模态：建立和破坏状态，这样当外界扰动很大时，心理契约会在两个可供选择的均衡态之间发生扰动性突跳。例如，我们设定场景保证组织氛围水平满足 $\alpha=100$，那么给出式（4-6）的时间序列演化路径，如图4-2所示。

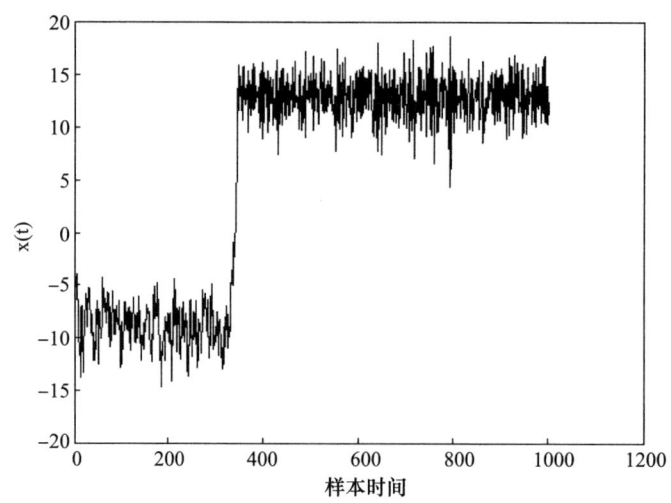

图4-2　心理契约的扰动性突跳（$\alpha=100$）

可以发现双模态和扰动性突跳的存在性，这说明在同一激励措施下，员工心理契约的演化由于对外界扰动的敏感性仍然会表现出不同的反应。

（2）结构性突变与滞后现象的验证。由 $27\alpha^2 - 4\beta^3 = 0$，可得 $\alpha = \pm 128$，依据命题 4-3，当参数连续变化而穿过 $\alpha = \pm 128$ 时，发生结构性突变。表现在心理契约演化过程上，是过程的时间序列取值发生均衡上的突变。设定如下场景，让 α（组织氛围）沿着直线 CD 由 C 到 D 变化，取值分别为 $\alpha = 80$、90、100、110、120、130，各自的时间序列如图 4-3 到图 4-8 所示。

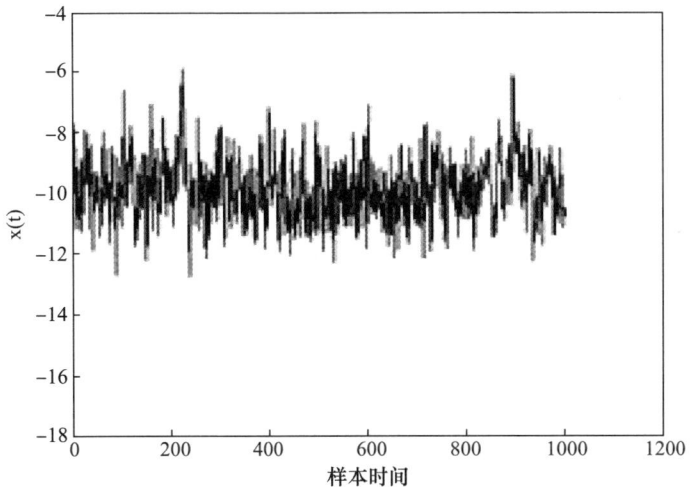

图 4-3　心理契约破坏状态（$\alpha = 80$）

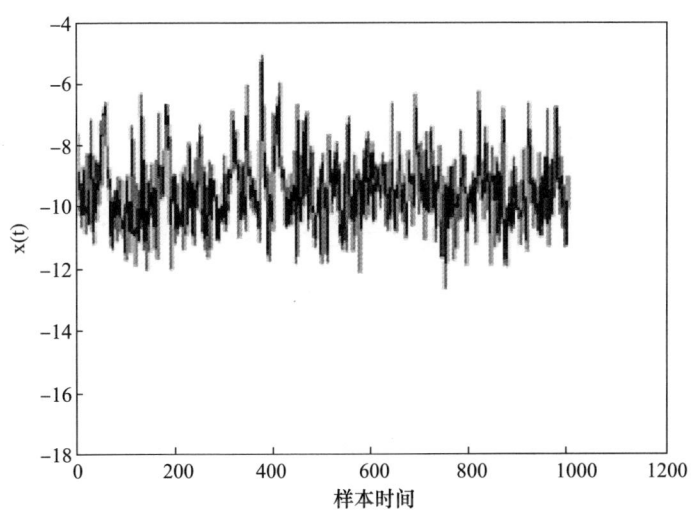

图 4-4　心理契约破坏状态（$\alpha = 90$）

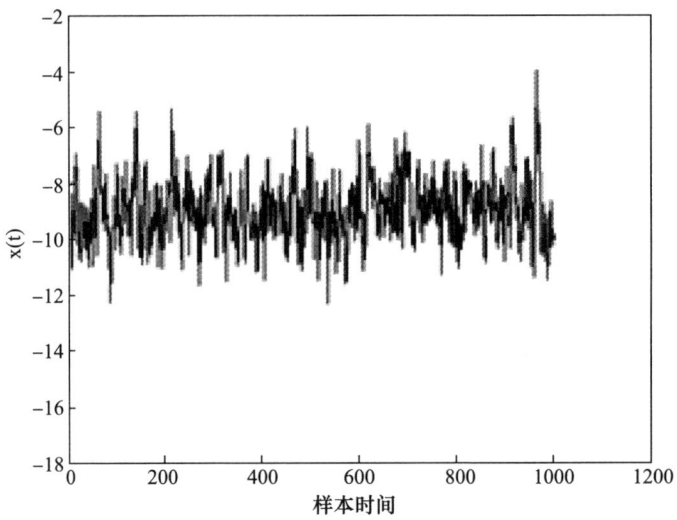

图4-5 心理契约破坏状态（α=100）

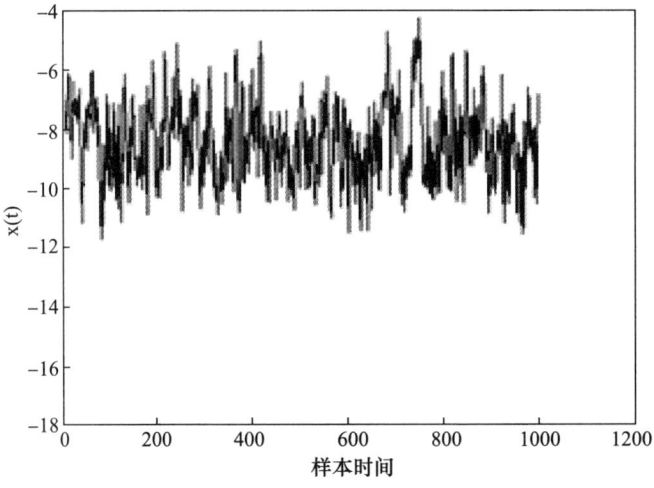

图4-6 心理契约破坏状态（α=110）

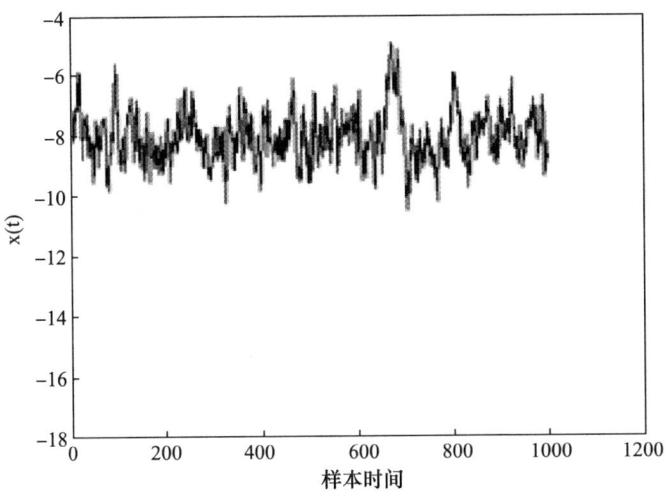

图4-7 心理契约破坏状态（$\alpha = 120$）

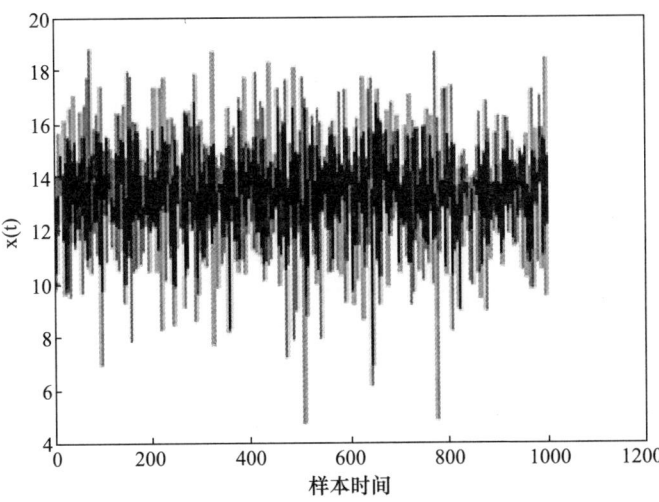

图4-8 心理契约建立状态（$\alpha = 130$）

同样也可以验证如下场景，当 α=80、90、100、110、120 时，心理契约具有双模态性，那么控制扰动强度在适当小的范围内，使得系统不发生扰动性突跳，就可以保证员工心理契约的初始均衡态表现为心理契约破坏状态。可以看出，当 α 穿越 α=128 时，系统从原来心理契约水平很低的状态跃迁到很高的状态，我们把这一变化称为员工心理契约由破坏到建立的结构性突变。而对于 α=-128，在保证初始均衡态是破坏状态下，通过模拟可以发现当 α 沿着直线 CD 由 C 到 D 连续变化而穿过该点时，系统状态不会发生突变（模拟省略）。即使发生了离散变化，也只是外界扰动带来的扰动性突跳。这就说明，当 α 沿着直线 CD 由 C 到 D 连续变化而穿过分歧集合边界时，发生结构性突变的位置仅仅是 α=128。

作为对比，设定如下变化场景，让 α（组织氛围）沿着直线 CD 由 D 到 C 发生连续变化，取值分别为 α=-80、-90、-100、-110、-120、-130，而且我们假设员工的初始状态为心理契约建立状态，并保证扰动很小，以至于不发生扰动性突跳，从而在双模态区保证心理契约均衡态始终为心理契约建立状态，那么各种情况下的员工心理契约演化的时间序列如图 4-9 至图 4-14 所示，可以看出当 α 穿越 α=-128 时，系统从原来心理契约水平很高的状态跃迁到很低的状态，我们把这一变化称为员工心理契约由建立到破坏的结构性突变。同样也可以验证这种结构性突变只发生于 α=-128 而非 α=128。

从对比中发现，对于同一条路径，参数变化方向不同，发生突变的位置就不同，滞后现象和结构性突变的存在得到了证实。同时通过上述模拟可以发现，心理契约由破坏到重新建立对组织氛围的要求（α=128）要远远大于由建立到破坏对组织氛围的要求（α=-128）。这说明心理契约一旦被破坏，就很难重新建立起来。

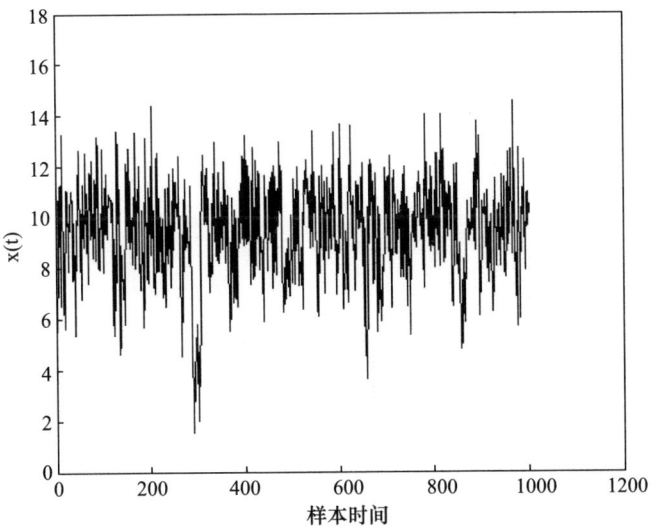

图 4-9　心理契约建立状态（α = -80）

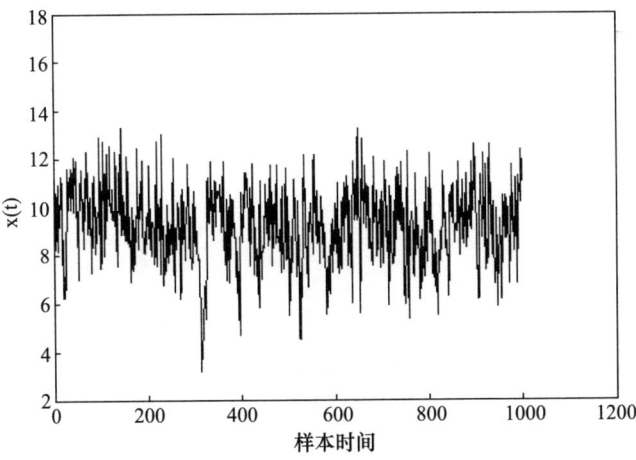

图 4-10　心理契约建立状态（α = -90）

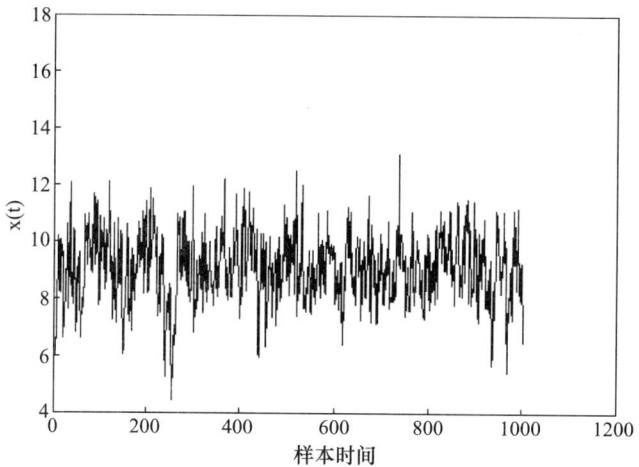

图 4-11　心理契约建立状态（$\alpha = -100$）

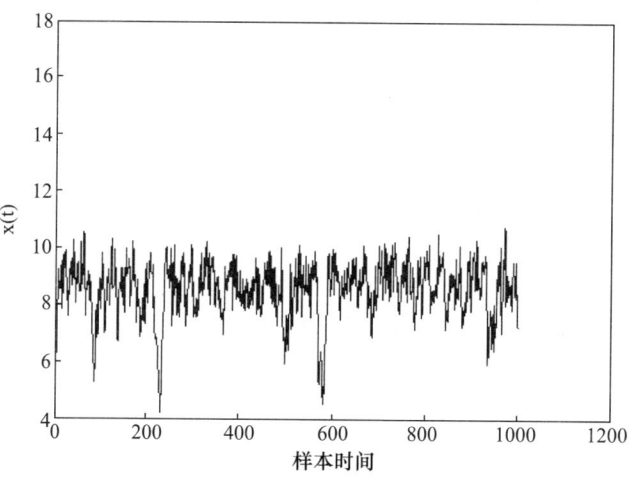

图 4-12　心理契约建立状态（$\alpha = -110$）

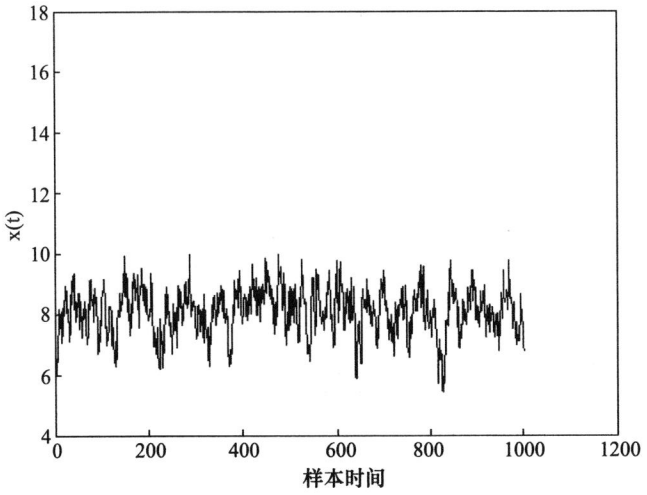

图4-13 心理契约建立状态（α = -120）

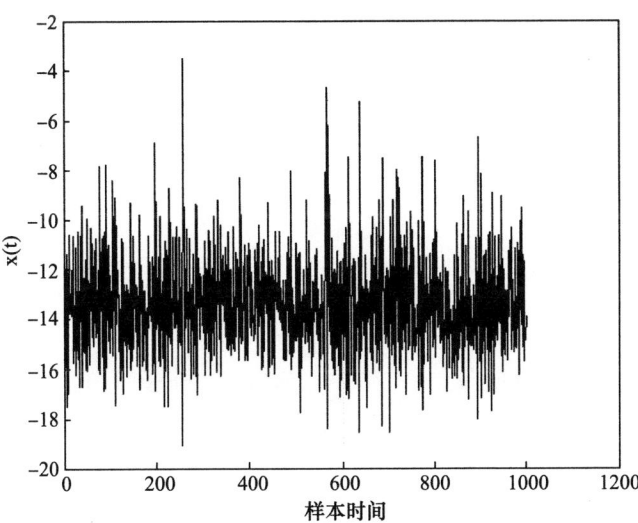

图4-14 心理契约破坏状态（α = -130）

本章小结

心理契约破坏过程中存在着突变特征,即滞后、突变和双模态现象,因此针对心理契约演化的动力学用突变模型进行动态上的描述。突变理论是研究系统的均衡态随着参数的连续变化发生离散突变的内在机制的工具,因此本书的价值就是通过研究这种内在机制,发现员工心理契约建立—破坏产生的内在规律。而本书为了考虑不确定性因素带来的干扰,采用一个含有白噪声扰动项的随机尖点模型来进行描述。分析发现,组织氛围与正则因子相关,人格变量与分歧因子相关。在理论上首次提出在随机突变模型中,随着组织氛围和人格变量的连续变化,心理契约演化的均衡态存在两类离散变化:扰动性突跳和结构性突变。当组织氛围和人格变量在分歧集合内部时,心理契约由于受到外界扰动而发生扰动性突跳,表现出对外界扰动的敏感性;而当组织氛围和人格变量穿过分歧集合边界时,心理契约水平由于自组织的作用发生结构性突变,表现出对内部参数变化的敏感性。对于结构性突变会出现滞后现象,这可以用来解释心理契约一旦被破坏就很难重新建立起来。同时心理契约破坏会带来严重后果,因此防止和预测其发生要比事后治理更具有现实意义,而心理契约破坏作为一种突变现象,可以使得本书模型对其做出有效的预测。

作为未来努力的方向,一方面,动态跟踪员工的实际表现来验证和改进模型;另一方面,调研数据在地域性和样本数量上会进行拓展和加大,这样可以加强模型理论的一般性解释,因为在本书中最优模型的拟合优度不过是 $R^2 = 0.5552$,有进一步改进的余地。同时发现更多影响员工心理契约水平的自变量,以期在未来引入新的独立控制变量,而且还要探讨影响独立控制变量的因素问题,这样也是为了使管理措施更加具有可操作性。

第五章　基于随机尖点突变理论的员工组织承诺演化的非线性突变研究

与心理契约动力学相类似，纵向的实证研究也表明，员工的组织承诺的动力学变化表现出了非线性特征，包括突变、滞后和双模态等，此类特征是尖点突变模型所独有的，因此本章以企业组织微观上的员工组织承诺动力学为研究对象，从突变理论的视角来系统地分析组织承诺动力学演化过程中所出现的非线性特征，为员工组织承诺的管理提供理论依据。研究的思路和方法主要参考第四章对随机突变理论的应用。

第一节　问题的引入

组织承诺是员工对外界感知和行为之间的一个关键变量，因为组织承诺比工作满意度更能稳定地预测员工在组织中的离职和旷工等行为，所以它成为了人力资源领域的一个重要对象。研究者一方面从静态角度对其概念和内涵的演进、结构进行探索，另一方面从动态角度考察影响其形成的前因变量和效标变量。对于前者，已经发展出了单因素理论、二维结构理论、三维结构理论和五维结构理论。

在动态考察组织承诺的研究方面,虽然研究者们对影响组织承诺形成的前因变量及其结果变量进行了大量研究,但是对于组织承诺演化的内在动力学这一"黑箱"的研究还比较少。员工的组织承诺随着时间的演化规律到底是什么?这个问题虽然由来已久,但是总是没有得到有效的解答。另外,很多学者如Rousseau、Robinson等通过实证研究也发现一旦承诺被破坏,就很难恢复(即滞后性),即使激励程度达到最初状态,承诺也可能处于破坏状态(反映了双模态)。作为一种特殊的心理契约,组织承诺建立—破坏这一转化过程,并不像其他心理学变量如满意度由满意到不满意和公平变量由公平到不公平的转化一样,通过简单的平衡输入与结果就可以实现相互转化,组织承诺建立与破坏的转化表现出了一种非线性和不可逆性。与信任研究相似,承诺的建立是逐步的,但是破坏表现出了一种突变性。

针对这种不可逆性,虽然现有的一些理论可以解释它存在的合理性,如风险和损失厌恶理论与前景理论等,但是对于如何认识组织承诺的这些规律的内在运作机制却无能为力。突变理论可以胜任此项任务,因为上述几个特征恰恰是尖点突变模型所独有的,其他的传统数学模型无法定量解释上述几个特征,因此本书借助随机尖点突变理论针对组织承诺的动力学特征即滞后、双模态和突变等进行系统的研究,同时现有的突变理论已经得到了有效的研究,期待可以得出一些关于组织承诺动力学的新结论。

第二节 组织承诺演化的随机尖点突变模型

双模态、滞后和突变三大特征的存在性,为利用尖点突变模型来描述组织承诺动力学的演化提供了理论保证。这样，组织承诺演化的动力学可以由式（5-1）来描述：

$$dx = (-x^3 + \beta x + \alpha)dt \tag{5-1}$$

其中，$x = (y - \lambda)/\tau$，y 表示员工组织承诺的实际水平测量值，λ、τ 是仿射变换参数，是属于待估计的变量。尖点突变模型中的正则因子 α 和分歧因子 β 是影响组织承诺水平的独立控制变量的函数，一般假设为：$\alpha = \alpha_0 + \sum_{i=1}^{k}\alpha_i x_i$，$\beta = \beta_0 + \sum_{i=1}^{k}\beta_i x_i$，其中 x_1，x_2，…，x_k 是独立控制变量，而 α_0，α_1，…，α_k，β_0，β_1，…，β_k 是待估计的参数。现有的关于组织承诺的实证研究指出，与组织承诺形成相关的主要变量包含三个方面：个人特征、工作特性和工作经验，而三个变量主要通过工作满意度和组织支持两个中间变量来影响组织承诺的形成，因此本书设定与组织承诺突变相关的独立控制变量，包含组织支持（记为 x_1）与工作满意度（记为 x_2）。

同时为了更加准确地描述，我们对动力学式（5-1）引入白噪声来反映员工组织承诺在变化过程中所受到的不确定随机因素的影响，这样我们得到不确定环境下员工组织承诺演化的随机动力学方程式（5-2）：

$$dx = (-x^3 + \beta x + \alpha)dt + dw(t) \tag{5-2}$$

第三节 组织承诺尖点突变模型的拟合

接下来，与第四章类似，我们需要对组织承诺演化动力学方程式（5-2）中的一些参数 λ，τ，α_0，α_1，…，α_k，β_0，β_1，…，β_k 做出估计，方法是通过搜集变量相关的数据，针对方程（5-2）的极限概率密度函数，借助极大似然估计原理，利用 Cuspfit 软件来得出对数据拟合最好的参数取值。只有获得了具体的方程后，才可能对组织承诺建立—破坏的动力学演化做出定量的、具体的、有价值的非线性突变分析。

一、搜集数据

2011 年上半年，本研究团队的全体成员针对武汉多家知识密集型企业进行了调研。在这个过程中，采取了访谈和发放问卷等形式。发放问卷对象主要是企业的基层员工，测量内容包括组织承诺、组织支持和工作满意度等变量。

对组织承诺的测量维度采纳我国学者凌文辁等（2000）对中国企业职工组织承诺的研究成果（包含五个维度：情感承诺、规范承诺、理想承诺、经济承诺和机会承诺），采纳的测量问卷是他们编制的"中国员工组织承诺问卷"。总问卷的内部一致性系数为 0.841，各分问卷内部一致性系数介于 0.65~0.80 之间，各分问卷既各自独立，又具有相关性，问卷信效度良好。工作满意度的维度和量表采纳中科院心理研究所卢嘉等（2001）的研究，他们认为我国企业员工的工作满意度包括五个因素：领导行为、管理措施、工作回报、工作协作、工作本身。研究中，满意度问卷的内部一致性系数为 0.843，五个条目的因子负荷均达到 0.7 以上，信效度良好。针对组织支持的维度和量表，采用谢荷锋（2007）编制的组织氛围问卷中的支持氛围，包括四个测量项目，内部一致性系数为 0.894，每个条目的因子负荷均达到 0.75 以上，信效度良好。对于所有问卷的处理全部采用了严格的双向翻译，并采用李克特五点计分法。

由于 IT 行业是知识型人才集中的领域，因此问卷的测量对象选择了中国武汉 IT 企业中的员工，发放问卷 310 份，回收 283 份，回收率 91.29%，其中有效问卷 269 份，有效回收率 86.77%。其中，男 166

人，女 103 人；已婚 139 人，未婚 130 人；本科学历 124 人，硕士及以上学历 145 人；平均工作年限 3.63 年；平均年龄 29.3 岁。

二、数据拟合

搜集到上述有效数据（N = 269）后，接下来运用 Cuspfit 软件，对尖点模型进行拟合，其中独立观测变量是组织支持（记为 x_1）和工作满意度（记为 x_2），可观测的状态变量是组织承诺水平（记为 y）。借助第四章的方法，对参数 λ、τ、α_0、α_1、α_2、β_0、β_1、β_2 进行估计。由于事先并不知道两类独立观测变量对正则因子和分歧因子的贡献水平，所以可以允许参数组 α_1、α_2、β_1、β_2 中的某些值为零，例如，如果知道组织支持对正则因子 α 没有影响，可以设定 $\alpha_1 = 0$，其他的类似进行推理。这样最终得到 16 组尖点拟合模型，如表 5-1 所示。

表 5-1 样本数据的尖点模型拟合结果

Model	α_0	α_1	α_2	β_0	β_1	β_2	λ	τ	Par	AIC	BIC
1	-5.00	0.09	1.74	-5.00	0.03	0.44	1.92	2.40	8	713	742
2	-5.00	0.20	1.42	-5.00	0.15	0.00	1.96	2.42	7	712	738
3	2.75	0.06	0.62	-5.00	0.00	1.51	-1.16	2.22	7	708	733
4	-5.00	0.37	0.00	1.00	0.15	-0.83	5.00	2.72	7	719	744
5	-0.56	0.00	1.24	-5.00	0.10	1.00	-0.08	2.11	7	709	734
6	-5.00	0.58	0.00	-5.00	0.48	0.00	2.22	2.71	6	772	787
7	5.00	0.00	0.00	-5.00	0.09	1.83	-2.07	2.42	6	704	726
8	-5.00	0.09	1.42	-5.00	0.00	0.00	1.97	2.42	6	710	732
9	-5.00	0.00	1.77	-5.00	0.00	0.47	1.92	2.40	6	709	731
10	-5.00	0.00	1.43	-5.00	0.00	0.79	1.97	2.42	6	702	720
11	-5.00	0.16	0.00	1.00	0.00	-0.83	5.00	2.72	6	717	739
12	-5.00	0.21	0.00	-5.00	0.00	0.00	2.24	2.72	5	773	791
13	5.00	0.00	0.00	-5.00	0.00	1.85	-2.08	2.42	5	711	732
14	-5.00	0.00	1.43	-5.00	0.00	0.00	1.97	2.42	5	709	727
15	-5.00	0.00	0.00	-5.00	-0.19	0.00	2.72	2.42	5	774	792
16	-5.00	0.00	0.00	-5.00	0.00	0.00	2.24	2.73	4	774	796

按照前面的分析,在这 16 组中最优的拟合模型是两类判断标准 AIC 和 BIC 取值最小的那一组,这样可以发现第 10 组模型(AIC = 702, BIC = 720)是应该选择的。它所对应的尖点模型的动力学方程是:

$$dx(t) = (-x^3 + \beta x + \alpha)dt + dw(t) \qquad (5-3)$$

其中:

$$x = \frac{\hat{y} - 1.97}{2.42}, \quad \alpha = -5.00 + 1.43x_2, \quad \beta = -5.00 + 0.79x_1 \qquad (5-4)$$

而 $\hat{y}$ 是组织承诺水平 y 的拟合回归值。

第四节 组织承诺建立—破坏的非线性突变分析

一、理论分析

根据拟合结果式(5-3)与式(5-4),并且引入随机尖点突变模型的一些典型特征,这样组织承诺变量与组织支持变量和工作满意度变量之间的关系可以由图 5-1 来描述。

接下来针对组织承诺演化模型式(5-3)与式(5-4),运用随机突变理论中的一般原则并结合图 5-1,来系统地分析组织承诺建立—破坏这一离散变化的内在机理,以及说明变化过程中所表现出来的特征。在图 5-1 中将曲面上叶视为组织承诺建立状态,将下叶视为组织承诺破坏状态,从中可以直观看出组织承诺建立—破坏的离散过程。

我们可以发现,对于组织承诺与组织支持和工作满意度之间的关系,大部分情况下表现出了线性正相关,即当 $27\alpha^2 - 4\beta^3 > 0$ 时,组织

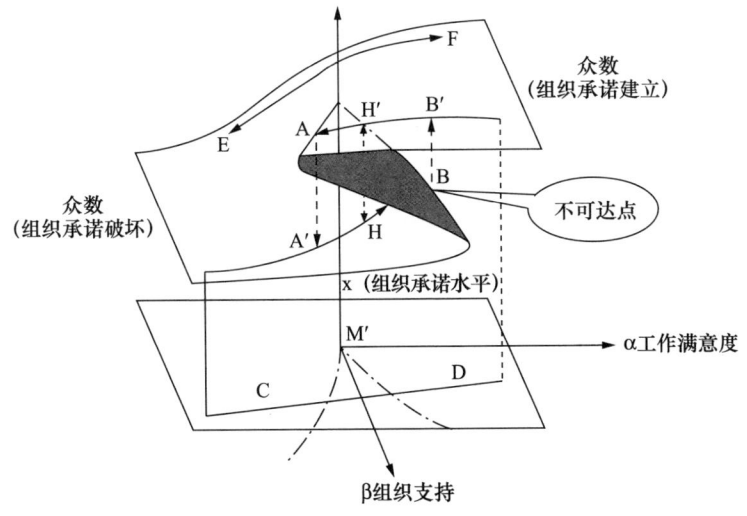

图 5-1 员工组织承诺演化动力学的非线性突变规律示意图

承诺的演化过程中只有一个稳定的均衡态，此时均衡态只会随着组织支持和工作满意度的连续变化而连续变化。特别地，当组织支持水平 $\beta = -5.00 + 0.79x_1 < 0$ 时，必然有 $27\alpha^2 - 4\beta^3 > 0$。针对图中 EF 区域，组织承诺水平的变化只会随参数的连续变化而连续变化，同时表现出一种正相关。当工作满意度增加时，组织承诺的均衡态也会增加，反之亦然。组织支持和工作满意度越高，员工的组织承诺水平就越高，这一结论和实证研究中的发现是一致的。

然而，三者之间绝非简单的线性正相关关系，否则也不会出现诸如滞后、突变等非线性特征，在某些区域三者之间表现出了非线性关系，而这也是本书所重点关注的独特的地方。

根据组织承诺演化的动力学即式（5-3）和式（5-4），并且根据随机尖点突变模型的一般原理，可以对组织承诺的非线性规律做如下一些探讨。

作为独立控制变量的组织支持和工作满意度，当两者满足一定条件时，员工组织承诺的演化会表现出一些非线性特征，具体如下：

（1）双模态的存在性与扰动性突跳的离散变化。

由于式（5-3）和式（5-4）是一个含参数（即组织支持和工作满意度）的非线性系统，所以在某些区域会导致系统的均衡点发生分歧现象。根据随机尖点突变理论的一般原理，当控制参数取值进入控制平面中的虚线内侧时（参数的点满足的条件是 $27\alpha^2 - 4\beta^3 < 0$），组织承诺演化的稳定均衡点由原来的一个分歧出两个不同的稳定均衡点，即双模态现象。那么对于组织承诺演化的突变机制来说，当组织支持水平和工作满意度水平满足 $27\alpha^2 - 4\beta^3 < 0$ 时，组织承诺演化的均衡态可以有两个选择：建立或者破坏。

而随机干扰的影响会使得组织承诺在演化过程中发生在两个均衡态之间的离散突变过程即扰动性突跳，表现在图 5-1 中就是 H 与 H′ 之间的离散突变过程。于是得到命题 5-1：

命题 5-1：当组织支持和工作满意度水平分布在双模态区域时，员工组织承诺演化均衡态的选择由于随机因素的影响表现出了一种不稳定性，当扰动影响很大时，会导致组织承诺发生扰动性突跳，表现出了对外界扰动的敏感性。

命题 5-1 带来的管理启示是，当组织支持和工作满意度这两个环境变量分布在分歧区域时，员工的组织承诺离散突变这一不稳定的变化产生的根源是外界的随机干扰，此时对于管理者来说，为了保持员工组织承诺建立状态的运行而不是发生由组织承诺建立到组织承诺破坏的离散突变，要尽量保持员工工作环境的平稳性，免受程度较强的外界的不确定干扰。这同时也可以用来解释本书最初提出的如下管理现象：在该情况下，即使管理者对员工采用了同样的激励措施，使得员工的满意度和组织支持达到同样的程度，也会使得员工的组织承诺有不同的表现（即组织承诺建立和组织承诺破坏）。

第五章 基于随机尖点突变理论的员工组织承诺演化的非线性突变研究

（2）结构性突变。

命题 5-1 中的扰动性突跳是在假设环境参数即组织支持和工作满意度参数保持不变的情况下组织承诺由于外界干扰而发生的离散变化。事实上，组织承诺的演化还存在着另一类型的突变过程：结构性突变。组织承诺的这一突变现象的产生是源于系统的非线性自组织作用，随着控制参数（即组织支持和工作满意度）的连续变化，以至于穿越分歧区域的边界即图 5-1 中的虚线时，组织承诺就会由当前不稳定的均衡状态跃迁到新的稳定均衡态。例如，沿着控制平面中的直线 CD 变化，当与虚线相交时，组织承诺水平会由 B 突跳到 B′或者由 A 突跳到 A′。所有突跳发生的条件满足 $27\alpha^2 - 4\beta^3 = 0$。突跳现象的存在说明，员工组织承诺水平的突变是源于系统的自组织作用。

命题 5-2：当组织支持和工作满意度水平发生连续变化以至于穿越分歧集合边缘时（即满足 $27\alpha^2 - 4\beta^3 = 0$），员工组织承诺演化的均衡态由于自组织的作用而发生结构性突变即离散变化，表现出对组织支持和工作满意度参数变化的敏感性。

命题 5-2 带来的管理启示就是，对于组织承诺的演化来说，其会在一定条件下发生这种结构性突变。这种突变的发生相比于命题 5-1 中的扰动性突跳更具有实践基础，因为组织支持和工作满意度会时时发生变化，但同时又很难发现这种连续变化所导致的组织承诺的非线性突变这一规律。另外，相比于扰动性突跳的产生是源于客观的外界扰动，此类突变的发生是源于人为的因素，控制后者的发生比前者更具有实际意义，所以借助命题 5-2 可以有效地为预测组织承诺随着组织支持和工作满意度的连续变化而导致的离散突变提供理论支持。对于好的突变行为就要促进其发生，而对于坏的突变就要控制和预测其发生。

（3）组织承诺演化的滞后现象。

通过研究还可以发现，组织支持和工作满意度沿着不同的方向穿越分歧集合边缘时,组织承诺发生结构性突变的点不同,即发生突变的滞后效应。当组织支持和工作满意度水平取值由 C 到 D 时,员工组织承诺的突变发生在与右侧虚线相交时,表现为由组织承诺破坏突跳为组织承诺建立;而由 D 到 C 时,员工组织承诺的突变发生在与左侧虚线相交时,表现为由组织承诺建立突跳为组织承诺破坏。滞后现象的存在可以解释本书最初提出的管理现象:员工的承诺一旦被破坏就很难恢复,或者需要更多的精力和资源让员工重新建立起组织承诺。换句话说,员工承诺一旦被破坏,管理者再使用原来能保证员工高组织承诺的激励程度时,员工的组织承诺水平最终还是会演化为低水平状态,而不会选择高水平状态。我们有如下结论:

命题 5-3:滞后现象表明员工的组织承诺一旦发生破坏,就很难恢复。

(4)组织支持和工作满意度对非线性突变的作用。

在最优拟合模型中,与正则因子 α 相关的独立观测变量仅仅是工作满意度变量,与分歧因子 β 相关的独立观测变量仅仅是组织支持变量。在尖点突变理论中,如果系统发生非线性突变,那么正则因子决定着系统发生突变的位置,而分歧因子决定着系统发生突变的程度,因此针对员工组织承诺建立—破坏这一突变现象有以下结论:

命题 5-4:当员工的组织承诺水平发生建立—破坏这一非线性结构性突变时,发生的位置取决于工作满意度水平,而组织支持水平决定当前情况下破坏程度的大小。

(5)线性相关性。

对于员工组织承诺的演化,也并非总会发生非线性分歧和突跳现象,在某些区域,组织承诺的演化会表现出与组织支持和工作满意度的线性相关性。例如,当 $27\alpha^2 - 4\beta^3 > 0$ 时,系统只有一个稳定的均衡态,此时均衡态只会随着组织支持和工作满意度的连续变化而连续变化。特别地,当组织支持水平满足 $\beta = -5.00 + 0.79x_1 < 0$ 时,必然有

$27\alpha^2 - 4\beta^3 > 0$。针对图 5 – 1 中 EF 区域，组织承诺水平的变化只会随参数的连续变化而连续变化，同时表现出一种线性相关性。当工作满意度增加时，组织承诺的均衡态也会增加，反之亦然。

命题 5 – 5：当组织支持和工作满意度水平使得组织承诺只有一个均衡态时，此时组织承诺随着组织支持和工作满意度的连续变化而表现出简单的连续变化现象，同时表现出一种正相关性。

二、数值实验与命题的验证

为了验证组织承诺在演化过程中，当组织支持和工作满意度变量穿过上述命题所规定的特殊阈值时是否发生扰动性突跳和结构性突变等这些特征，在此做一些数值实验，以期得出直观的结论。

现有的实证研究表明，与工作有关的变量即工作自主性、工作丰富性、工作负荷和报酬，以及与组织行为有关的变量，即程序公平、分配公平和沟通，在理论上，通过对工作满意度和组织支持的影响而最终影响到组织承诺。这样，在实际中，主要考察这些变量对工作满意度和组织支持的影响，从而最终观察工作满意度和组织支持的变化对组织承诺水平的影响。

例如，当工作自主性、工作丰富性、工作负荷和报酬，以及程序公平、分配公平和沟通等这些环境变量给员工的工作满意度和组织的组织支持带来的影响保证 $27\alpha^2 - 4\beta^3 < 0$ 时，此时组织承诺的演化就保证了双模态的存在性，按照命题 5 – 1 就会发生扰动性突跳的离散变化。假设此时的工作满意度水平 x_2 满足 $\alpha = -5.00 + 1.43x_2 = 3$，而组织支持水平 x_1 满足 $\beta = -5.00 + 0.79x_1 = 5$，那么按照命题 5 – 1 组织承诺就会发生扰动性突跳。如图 5 – 2 所示，组织承诺刚开始是处于较高水平的建立状态，然而经过一段时间后，大约在 3000 个时间点之后，组织承诺由于当前带来坏的影响的随机干扰导致它经历了一个扰动性突跳，从而由建立状态突跳为破坏状态，使得组织承诺处于很低

的水平，而经历又一段时间后，组织承诺由于另一个新的随机干扰源的影响而达到较高水平的建立状态。

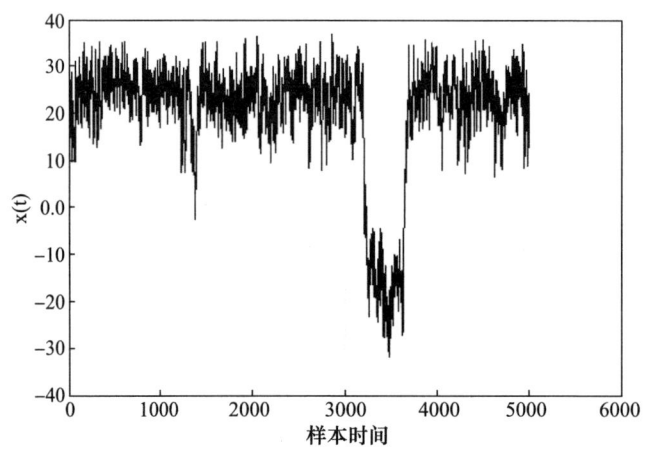

图 5-2　组织承诺的演化发生扰动性突跳

上述考察只是截取了控制变量的一个点上的表现，而接下来考虑组织支持和工作满意度在一个区间内连续变化所带来的组织承诺的结构性突变。根据命题 5-4，给定组织支持水平，工作满意度决定了组织承诺发生突变的位置，因此此处只让与正则因子相关的工作满意度发生连续变化。

设定如下场景，令 $\beta = -5.00 + 0.79x_1 = 3$，则根据命题 5-2，当 $\alpha = -5.00 + 1.43x_2 = \pm 2$ 时，组织承诺会经历一个结构性突变的过程。此处做一数值模拟来直观显示此结论。令 α 有如下连续变化的场景：$\alpha = -3$、-2、-1、0、1、2、3，根据命题 5-1，当 $\alpha = -1$、0、1 时，会存在双模态的现象，但是此处只是验证结构性突变，所以设定外界随机干扰的强度足够小，使得不存在类似于图 5-1 中的 H 到 H′之间的扰动性突跳。为了验证图 5-1 中随着工作满意度的连续变化而存在的由 A 到 A′和由 B 到 B′的突变以及中间存在的滞后现象，此处做如下处理：当工作满意度沿着数轴方向变化时，假定组织承诺的初始水平是组织承诺破坏状态，而当工作满意度沿着反数轴方向变化时，假定组织承诺的初始水平是组织承诺建立状态。这样当工作满意度沿着数轴方向连续变化时，组织承诺演化的示意图如图5-3~图5-9所示。

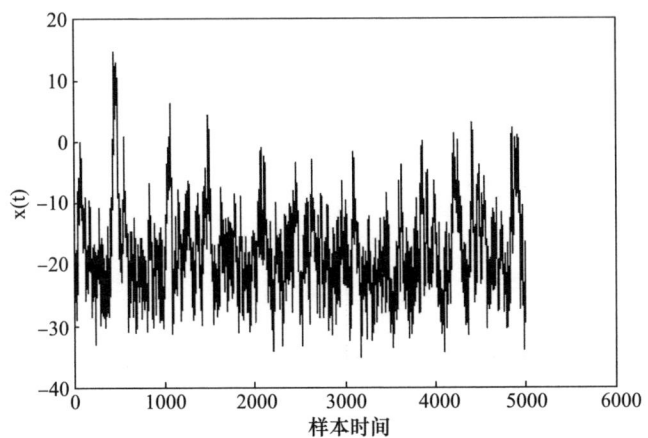

图5-3 组织承诺破坏状态（$\alpha = -3$）

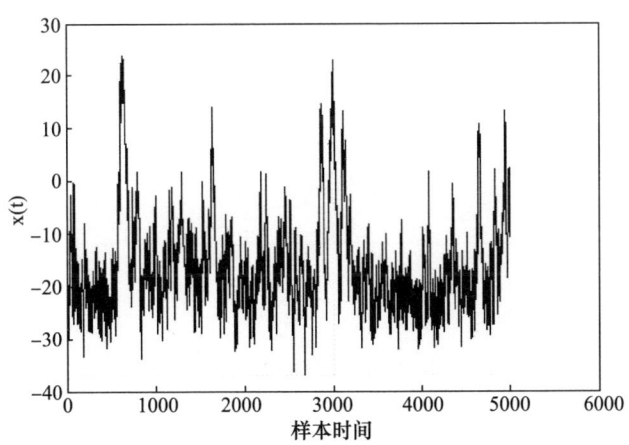

图5-4 组织承诺破坏状态（$\alpha = -2$）

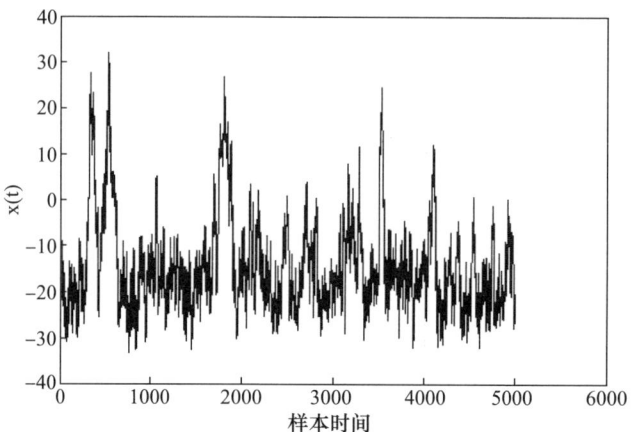

图 5-5 组织承诺破坏状态（α = -1）

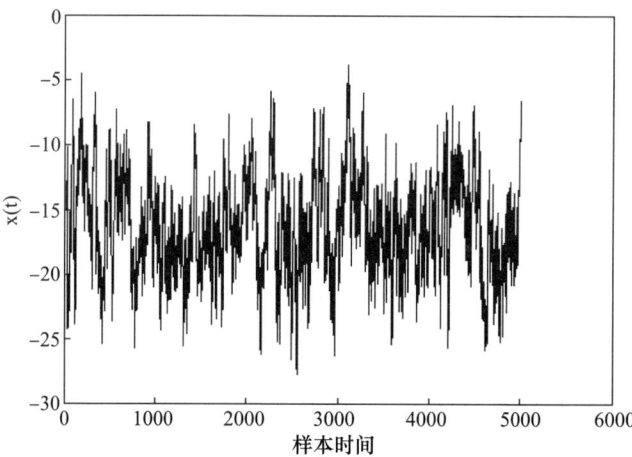

图 5-6 组织承诺破坏状态（α = 0）

第五章 基于随机尖点突变理论的员工组织承诺演化的非线性突变研究

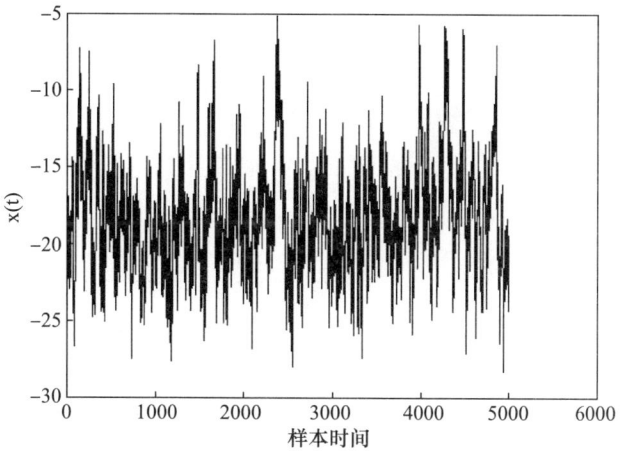

图 5-7 组织承诺破坏状态（α=1）

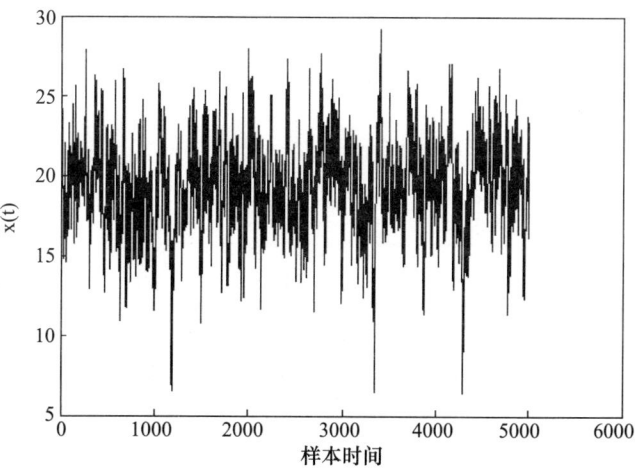

图 5-8 组织承诺建立状态（α=2）

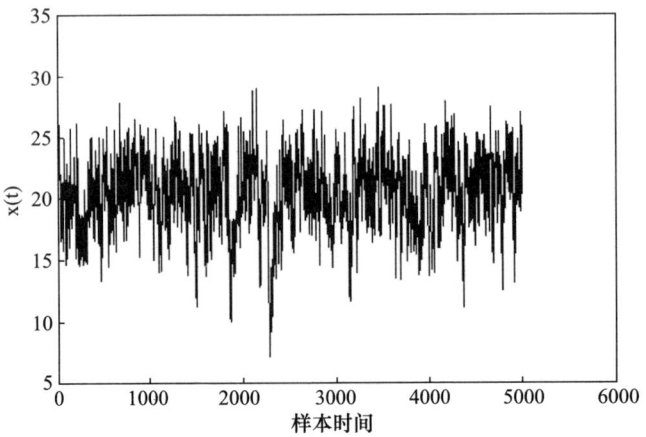

图 5-9 组织承诺建立状态（α=3）

可以看出，图 5-3~图 5-9 组织承诺演化的特征服从图 5-1 中由 A′到 B 再到 B′的变化路线。当工作满意度水平比较低时，此时组织承诺处于破坏状态，表现在图 5-3~图 5-7 中。而当工作满意度水平提高到一定程度时，以至于在关键点 α=2 组织承诺的水平发生了由组织承诺破坏到组织承诺建立的离散突变过程，表现出了结构性突变。

为了反映组织承诺结构性突变的滞后现象，接下来让控制变量工作满意度沿着另一个方向即 α=3、2、1、0、-1、-2、-3 发生变化，那么组织承诺演化的变化规律如图 5-10~图 5-16 所示。

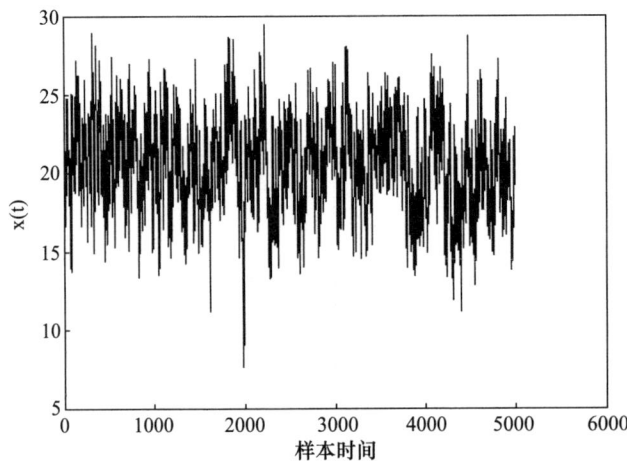

图 5-10 组织承诺建立状态（α=3）

第五章 基于随机尖点突变理论的员工组织承诺演化的非线性突变研究

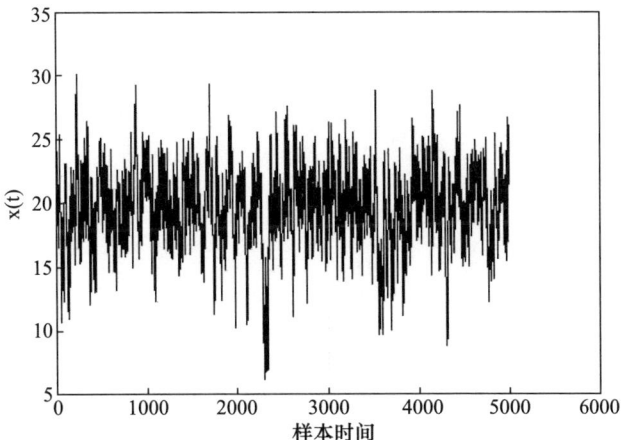

图5-11 组织承诺建立状态（α=2）

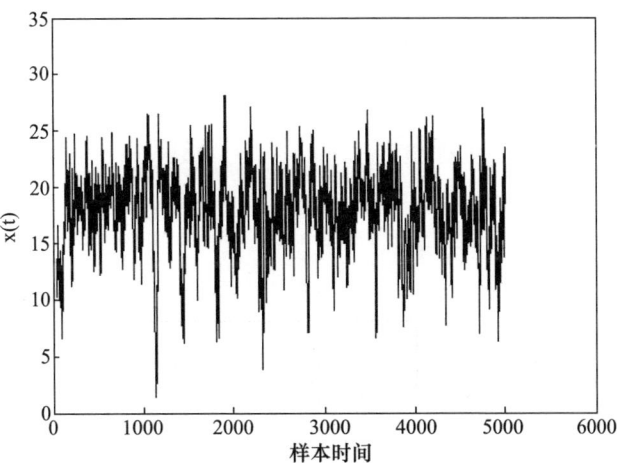

图5-12 组织承诺建立状态（α=1）

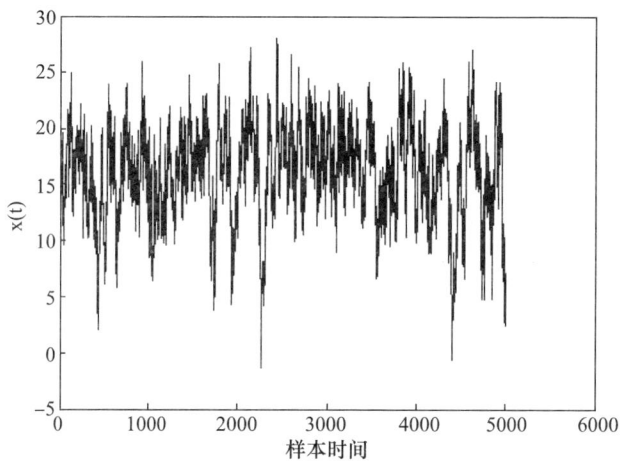

图 5-13 组织承诺建立状态（$\alpha=0$）

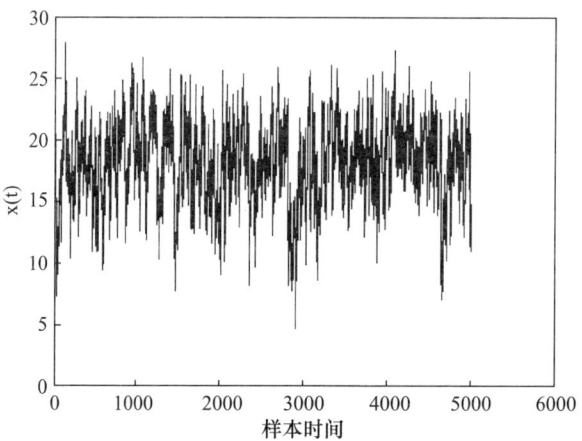

图 5-14 组织承诺建立状态（$\alpha=-1$）

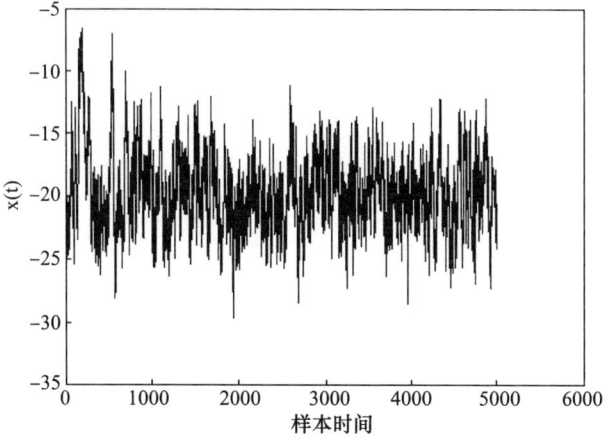

图 5-15　组织承诺破坏状态（α = -2）

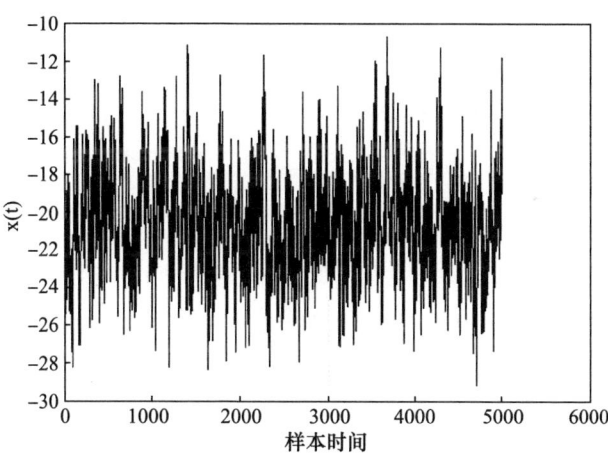

图 5-16　组织承诺破坏状态（α = -3）

从图 5-10~图 5-16 可以发现，此次组织承诺发生的突变点是 α = -2，当工作满意度水平降低到此水平时，组织承诺会由建立状态变为破坏状态。因此，当工作满意度水平沿着反数轴方向变化时，组织承诺变化的路线遵从图 5-1 中的由 B′ 到 A 再到 A′。

从这两组模拟结果可以发现，当工作满意度水平沿着不同的方向连续变化时，组织承诺发生结构性突变的位置是不同的，这就是组织承诺突变的滞后特征。同时可以发现，组织承诺一旦由建立突变为破坏状态之后，要想恢复组织承诺的建立状态，需要工作满意度水平提高到比原来更高的水平才可以实现，这说明了组织承诺一旦被破坏，就很难恢复到建立状态。而在模拟中发现的当工作满意度水平满足 $\alpha = -1$、0、1 时，组织承诺会有不同的表现，这是源于此时组织承诺的双模态的存在。

本章小结

本书通过收集数据，利用尖点模型的统计拟合方法和 Cuspfit 软件，以员工的组织承诺为状态变量，以工作满意度和组织支持为控制变量，找到了三者之间的尖点突变机制。分析发现，工作满意度作为正则因子、组织支持作为分歧因子，共同影响组织承诺的突变行为：工作满意度水平决定发生突变的临界点，而组织支持水平决定突变的程度。伴随着突变发生的滞后现象和双模态现象，可以有效地解释实证研究中发生的承诺一旦被破坏就很难恢复的现象，同时也说明了"防范大于治理"的管理常识。本书找到了组织承诺在自组织作用下发生突然破坏的临界集合，可以起到有效的预测突变的作用。在实践中，为了有效地预防坏的突变行为的产生和促进好的突变行为的发生，就要分析组织支持和工作满意度两个环境参数的演进方向，而这又取决于分析影响组织支持和工作满意度的相关因素，如与个人特征、工作特性和工作经验相关的变量的变化，从而为管理者的管理决策提供依据。

作为未来努力的方向,一方面,动态跟踪员工的实际表现来验证和改进模型;另一方面,在本书中,最优模型的拟合优度不过是 $R^2 = 0.4271$,有进一步改进的余地,在未来需要对调研数据在地域性和样本数量方面进行拓展和加大,这样可以减小拟合误差,以加强模型理论的一般性解释。

第六章　结论与展望

第一节　结　论

受到随机干扰影响的企业组织,在演化过程中不仅存在着连续的量变行为,还存在大量的很难预测的离散突变过程。相比于管理逐渐恶化的企业行为,预测和控制企业非常规的离散突变行为更具挑战性,因此本书运用了随机突变理论的一般原理来研究企业在随机干扰影响下其演化行为的离散突变问题。针对企业组织的演化行为,按照宏观、中观和微观三个层次,分别选取了战略联盟内企业之间的竞争与合作行为、团队内部成员之间的知识共享行为、员工的心理契约和组织承诺水平的演化行为建立了数学模型,借助随机突变理论的两种应用方式,进行了非线性突变动力学演化行为的分析,为实践中解释和预测相关对象的突变行为提供了一定的理论指导。

全书的主要工作包含如下五个方面：

第一,系统地总结了突变理论领域中一门新的分支即随机突变论的一般原理,并且首次提出了在随机突变理论的框架下系统两种不同类型的突变行为：扰动性突跳和结构性突变。将经典突变理论应用于以不确定性为基本特征的企业系统存在不足，因此为了分析企业行为的突变机制，引入随机突变理论，阐述了它的基本原理，包括：研究对象（Itô 随机微分方程）、研究问题（随机过程发生离散突变的内在原理）、研究工具（随机势函数、极限概率密度函数、众数和随机分歧等）和应用方式（一种是对系统行为的演化行为用随机微分方程来描述，并对该方程直接进行突变分歧方面的分析；另一种是对显含突变特征的系统，借助专用的拟合软件，进行突变模型的数据拟合，得出突变方程，在此基础上分析突变机制）。

这部分的研究内容主要集中在本章的绪论部分。

而对于在随机突变理论框架下系统突变行为分类的提出和应用，即按照产生原因的不同，将系统的突变行为分为扰动性突跳和结构性突变，这一部分内容分布于本书随机突变理论的应用环节，即第二、三、四和五章。扰动性突跳是源于系统的演化受到了随机干扰的影响，在系统存在双模态的前提下，当外界的扰动达到一定程度时，系统均衡态的选择就会在双模态之间进行突跳。此类离散突变行为是随机突变模型所独有的，传统的经典突变模型中没有此类突变的现象；另一种离散突变行为是结构性突变，这一突变也是传统的经典突变理论研究的重点，这一现象主要是源于系统参数的连续变化，以至于当参数穿越系统的分歧区域的边界时发生自组织跃迁。

第二，探讨了战略联盟的竞争与合作行为演化的随机突变机制。对于为什么在现实中很多战略联盟会由最初的合作稳定到最终意外地非计划性地解体这一主题的研究，传统的方法要么只是探讨导致联盟非计划性地解体的原因，要么仅仅是寻找维持联盟稳定的激励机制，但是两种思路都无法有效地解释为什么很多开始具有稳定合作关系的战略联盟最终会突然地解体。为此本书引入了随机突变理论的视角来进行说明，因为突变理论是专门研究一个系统发生离散突变机制的工具，而上述联盟的变化现象显然是一个离散变化过程。另外，引入促进信任的公平效用激励机制，对均势联盟中多成员之间的策略互动建立了演化博弈模型，同时引入高斯白噪声来反映随机干扰。在获得了联盟演化行为的动力学机制后，借助随机突变理论进行分析。分析表明，公平效用的激励对策略的选择具有重要作用，而联盟由稳定到非计划性解体这一演变有两种解释方案：一是当联盟运作的参数在分歧集合内部时，联盟由于受到外界的随机干扰而导致由稳定到解体的扰动性突跳；二是当运作参数穿越分歧集合边缘时，联盟会因自组织的作用而导致由稳定到解体的结构性突变。

  这一部分内容主要集中在本书的第二章。

  第三，进行了团队成员知识共享行为演化的随机突变分析。现有的关于团队知识共享行为的动力学研究中，仅仅是研究团队的"知识共享"或者"知识不共享"单一状态的稳定性问题，而对于两者状态之间的离散过渡问题没有进行研究，因此本书对此问题进行了关于随机突变的探讨。知识是核心资源，具有隐匿性，因此引入了监督机制和奖罚机制。针对知识共享行为建立了含有白噪声的随机演化博弈模型。利用随机突变理论研究了模型参数的连续变化对团队行为演化的离散突变影响。分析表明，团队行为的突变机制只与实质性变量即知识水平、共享损失系数、协同成本、奖与罚的程度、监督强度和惩罚分成比例有关，而与非实质变量即协同效率、学习成本、吸收转换新知识的能力和知识的可共享度无关。实质性变量决定团队由共享到不共享这一扰动性突跳或结构性突变发生的临界区域。

  这一部分内容主要集中在本书的第三章。

  第四，探讨了员工心理契约建立—破坏的随机突变机制。现有的实证研究已经表明，心理契约在演化过程中表现出了滞后、双模态和突变等非线性特征，而这些非线性特征是非线性概念中的突变模型所独有的，因此为了在定量方面探讨心理契约动力学的演化规律，本书利用突变理论来考察心理契约的演化。心理契约作为一个心理学变量，其动力学演化的数学模型难以通过传统的方法获得，为此，借助统计拟合的方法，借助专有的尖点模型拟合软件 Cuspfit，在心理契约动力学具有上述非线性特征的基本前提下，对实际数据拟合了心理契约的动力学突变模型。在研究过程中，一个关键环节是寻找与尖点模型中的两类关键变量即正则因子和分歧因子相关的独立控制变量，而根据现有的实证研究，影响心理契约水平的主要控制变量是员工的人格变量和组织氛围变量，因此将这两者作为与尖点模型中两类因子相关的独立控制变量。拟合结果表明，组织氛围与正则因子相关，人格变量与分歧因子相关。这样按照随机突变理论的一般原理，当组织氛围和人格变量在分歧集合内部时，心理契约由于受到外界扰动而发生扰动性突跳，表现出对外界扰动的敏感性；而当组织氛围和人格变量穿过分歧集合边界时，心理契约水平由于自组织的作用发生结构性突变，表现出对内部参数变化的敏感性。由于结构性突变会出现滞后现象，这可以用来解释心理契约一旦被破坏就很难重新建立起来。

这一部分内容主要集中在本书的第四章。

第五，基于随机突变理论对组织承诺动力学的演化进行了非线性突变分析。与心理契约的研究相类似，实证研究也表明，组织承诺在随着时间演化的过程中，也表现出了非线性突变特征如滞后、双模态和突变等，因此借助第四章的思路和方法，也可以对组织承诺的演化进行非线性突变分析。以工作满意度和组织支持为独立控制变量，通过调研数据，利用 Cuspfit 软件拟合出了最优匹配效果的尖点突变模型。结果表明，工作满意度作为正则因子、组织支持作为分歧因子，共同影响组织承诺的突变。滞后现象说明了组织承诺一旦被破坏，就很难重新建立起来。同时组织承诺的破坏会带来严重后果，因此防止和预测其发生要比事后治理更具有现实意义，而组织承诺破坏作为一种突变现象，可以使得本书模型对其做出有效的预测。

这一部分内容主要集中在本书的第五章。

第二节　主要创新点

从上述研究工作中，本书可归纳出以下四个创新点：

第一，提出了在随机突变理论的框架下系统行为演化存在两种性质不同的离散突变现象：扰动性突跳和结构性突变。前者是系统在分歧区域存在双模态的情况下源于系统所受到的外界随机干扰，当扰动强度达到一定程度时，系统就会在双模态之间发生离散的突跳现象；后者是当系统参数连续变化以至于穿越分歧集合边缘时由于系统的非线性作用而导致的系统稳态的自组织跃迁。前者是随机突变模型所独有的，后者是在经典突变理论中被重视的。

第二，针对战略联盟的稳定性课题，尝试以随机突变理论的视角来分析为什么联盟会由最初的合作稳定演化为最终的意外解体，针对战略联盟策略的演化过程建立了一个含有白噪声的随机演化模型，针对该模型利用随机突变理论的一般原理给出了所提问题的答案：一是当联盟运行的参数在分歧集合内部时，联盟由于受到外界的随机干扰而导致由稳定到解体的扰动性突跳；二是当运行参数穿越分歧集合边缘时，联盟会因自组织的作用而导致由稳定到解体的结构性突变。因此，本书弥补了传统的在研究联盟稳定性问题时割裂联盟两个状态之间关系过渡的缺陷。

第三，对团队成员知识共享行为的演化建立了含有白噪声的随机演化博弈模型。知识是核心资源并且具有隐匿性，因此引入了监督机制、奖惩机制和惩罚分成机制。借助随机突变理论的一般原理，对知识共享的随机演化模型分析了由共享到不共享过渡的离散突变机制，弥补了传统的研究单一重视知识共享激励或者控制不共享知识的不足。

第四，对实证研究中所发现的心理契约和组织承诺在演化过程中所表现出来的非线性特征如滞后、双模态和突变从数理模型的角度进行了探讨。上述非线性特征是尖点突变模型所独有的，因此用尖点突变模型来描述心理契约和组织承诺动力学的演化具有合理性。借助统计拟合方法对心理契约和组织承诺等相关的实际数据拟合出了心理契约和组织承诺演化的随机尖点突变模型，在此基础上借助随机突变理论的一般原理对心理契约和组织承诺动力学的非线性演化机制进行了突变分析。

第三节　研究展望

本书利用随机突变理论的一般原理对战略联盟由合作稳定到意外解体的离散过渡突变机制、团队知识共享行为由知识共享到不共享的离散过渡突变机制、员工心理契约动力学的非线性突变机制和员工组织承诺动力学的非线性突变机制进行了研究，为管理者实践提供了具有可操作性的管理方法和技术，但存在一些不足：

对于战略联盟这一企业群体以及团队这一员工群体，只研究了由同质个体组成的群体，没有研究个体之间的差异性，同时对于群体行为动力学的构建主要借鉴的是复制动态理论，没有从一般意义上进行更加明确的探讨。对于员工的心理契约和组织承诺非线性动力学的研究，借鉴的工具主要是相对简单的随机尖点突变模型，而对于其动力学更加复杂的一些特征可能还需要更加复杂的突变模型如燕尾突变模型和蝴蝶突变模型来加以解释。同时对数据的收集也有一定的缺陷，如样本数量不是很大，没有动态跟踪变量的数据，这些都是在未来需要完善的地方。

今后的工作可以围绕研究对象和研究方法两个方面展开。研究对象上可以考虑研究由异质性个体组成的群体（包含战略联盟和团队）的行为演化动力学的非线性突变，这种异质性可以体现为个体心理属性方面的差异，也可以是决策风格方面的差异，还可以是经济禀赋方面的差异。研究方法上可以包含三个方面：①对于群体动力学的考察可以借鉴更加复杂的演化博弈论中的相关理论，也可以借鉴社会动力学理论中群体动力学建模的方法，以得出更加复杂场景下群体的动力学，在此基础上进行非线性突变分析；②在未来可以对收集到的数据进行燕尾突变模型或蝴蝶突变模型方面的最优拟合，在此基础上进行更加复杂的非线性突变分析；③在数据收集方面，要扩大样本容量，同时扩展数据收集的范围，以减少拟合的误差，这样可以得出更加精准的拟合模型，从而对结论的分析起到优化作用。

参考文献

[1] Aerts D., Czachor M., Gabora L., et al. Quantum morphogenesis: A variation on Thom's catastrophe theory [J]. Physical Review, 2003 (67): 1-13.

[2] Andrew K. Trust building, trust breaking: The dilemma of NATO enlargement [J]. International Organization, 2001, 55 (4): 801-828.

[3] Annick C. Radical innovation in established organizations: Being a knowledge predator [J]. Journal of Engineering and Technology Management, 2007 (24): 36-52.

[4] Arnol'd L. Random dynamical systems [M]. Springer Verlag, Berlin, 2003.

[5] Arnol'd V. I. Catastrophe theory [M]. Berlin: Springer Press, 1992.

[6] Arnol'd V. I., Gusein-Zade S. M., Varchenko A. N. Singularities of differentiable maps, Vol. I [M]. Boston: Birkhaser Press, 1985.

[7] Bach L. A., Helvikc T., Christiansen F. B. The evolution of n-player cooperation threshold games and ESS bifurcations [J]. Journal of Theoretical Biology, 2006 (238): 110-126.

[8] Barkley J., Rosser Jr. The rise and fall of catastrophe theory ap-

plications in economics: Was the baby thrown out with the bathwater? [J]. Journal of Economic Dynamics & Control, 2007 (31): 3255 – 3280.

[9] Barunik J., Vosvrda M. Can a stochastic cusp catastrophemodel explain stock market crashes? [J]. Journal of Economic Dynamics & Control, 2009, 33 (10): 1824 – 1836.

[10] Becker H. S. Notes on the concept of commitment [J]. American Journal of Sociology, 1960 (66): 32 – 42.

[11] Binmore K., Samuelson L. Evolutionary drift and equilibrium selection [J]. Review of Economic Studies, 1999 (66): 363 – 393.

[12] Brito L., Fiolhais M., Paixao J. Cylinder on an incline as a fold catastrophe system [J]. European Journal of Physics, 2003 (24): 115 – 123.

[13] Cai G. S., Kock N. An evolutionary game theoretic perspective on e – collaboration: The collaboration effort and media relativeness [J]. European Journal of Operational Research, 2009 (194): 821 – 833.

[14] Chihiro W., Reiko K., Noritomo O. A substitution orbit model of competitive innovations [J]. Technological Forecasting and Social Change, 2004 (71): 365 – 390.

[15] Chiu S., Peng J. The relationship between psychological contract breach and employee deviance: The moderating role of hostile attributional style [J]. Journal of Vocational Behavior, 2008 (73): 426 – 433.

[16] Clark, A. Modeling the net flows of U. S. mutual funds with stochastic catastrophe theory [J]. The European Physical Journal B, 2006, 50 (4): 659 – 669.

[17] Cobb L. Estimation theory for the cusp catastrophe model. In proceedings of the section on survey research methods [M]. Washington, DC: American Statistical Association, 1980: 772 – 776.

[18] Cobb L. Parameter estimation for the cusp catastrophe model

[J]. Behavioral Science, 1981 (26): 75 - 78.

[19] Cobb L. Stochastic catastrophe models and multimodal distributions [J]. Behavioral Science, 1978 (23): 360 - 374.

[20] Cobb L., Koppstein P., Chen N. H. Estimation and moment recursion relations formultimodal distributions of the exponential family [J]. Journal of American Statistical Association, 1983 (78): 124 - 130.

[21] Cobb L., Watson B. Statistical catastrophe theory: An overview [J]. Math. Model, 1980 (1): 311 - 317.

[22] Cobb L., Zacks S. Applications of catastrophe theory for statistical modeling in the biosciences [J]. Journal of American Statistical Association, 1985 (70): 793 - 802.

[23] Conway N., Guest D., Trenberth L. Testing the differential effects of changes in psychological contract breach and fulfillment [J]. Journal of Vocational Behavior, 2011 (79): 267 - 276.

[24] Crauel H., Flandoli F. Additive noise destroys a pitchfork bifurcation [J]. Journal of Dynamical Differential Equations, 1998 (10): 259 - 274.

[25] Cremer D. Trust and fear of exploitation in a public goods dilemma [J]. Current Psychology, 1999, 18 (2): 125 - 132.

[26] Cressman R. Evolutionary stability in the finitely repeated prisoner's dilemma game [J]. Journal of Economic Theory, 1996 (68): 234 - 248.

[27] Das T. K., Teng B. Instabilities of strategic alliances: An internal tensions perspective [J]. Organization Science, 2000, 11 (1): 77 - 101.

[28] Das T. K., Teng B. Resources and risk management in the strategic alliances making process [J]. Journal of Management, 1998 (24):

21 – 42.

[29] Dou W. Y., Ghose S. A dynamic nonlinear model of online retail competition using Cusp Catastrophe Theory [J]. Journal of Business Research, 2006 (59): 838 – 848.

[30] Ernst F., Schmidt K. M. A theory of fairness, competition and cooperation [J]. Quarterly Journal of Economic, 1999, 3 (114): 817 – 868.

[31] Flay B. R. Catastrophe theory applications in psychology [J]. Behavioral Science, 1978 (23): 335 – 350.

[32] Gakovic A., Tetrick L. E. Perceived organizational support and work status: A comparison of the employment relationships of part – time and full – time employees attending uiniversity classes [J]. Journal of Organizational Behavior, 2003, 24 (5): 649 – 666.

[33] Glaister K. W., Buckley P. J. Strategic motives for international alliance formation [J]. Journal Management Study, 1996 (33): 301 – 332.

[34] Gresov C., Haveman H., Oliva T. Organizational design inertia, and the dynamics of competitive response [J]. Organization Science, 1993, 4 (2): 1 – 28.

[35] Guastello S. J. Cusp and butterfly catastrophe modeling of two opponent process models: Drug addiction and work performance [J]. Behavioral Science, 1984 (29): 258 – 269.

[36] Hartelman P. A. I. Stochastic catastrophe theory [M]. Amsterdam: Faculteit der Psychologie, 1997.

[37] Hekman D., Bigley G., Steensma H., Hereford J. Combined effects of organizational and professional identification on the reciprocity dynamic for professional employees [J]. Academy of Management Journal,

2009, 52 (3): 506 –526.

[38] Helbing D. Assessing interaction networks with applications to catastrophe dynamics and disaster management [J]. Physica A, 2003 (328): 584 –606.

[39] Hellriegel D. , Slocum J. W. , Woodman R. W. Organizational behavior [M]. Shanghai: Huadong Normal University Press, 2000.

[40] Hennart J. F. A transaction cost theory of equity joint ventures [J]. Strategic Management Journal, 1988 (9): 361 –374.

[41] Ho V. T. , Weingart L. R. , Rousseau D. M. Responses to broken promises: Does personality matter? [J]. Journal of Vocational Behavior, 2004 (65): 276 –293.

[42] Hofbauer J. , Sigmund K. The Theory of Evolution and Dynamical Systems [M]. London: Cambridge University Press, 1988.

[43] Holyst J. A. , Kacperski K. , Schweitzer F. Phase transitions in social impact models of opinion formation [J]. Physica A, 2000 (285): 199 –210.

[44] Hu W. , Xu H. , Yu J. Exponential stability of a reparable multi-state device [J]. Journal of Systems Science & Complexity, 2007 (20): 437 –443.

[45] Hui C. , Lee C. , Rousseau D. Psychological contract and organizational citizenship behavior in China: Investigating generalizability and instrumentality [J]. Journal of Applied Psychology, 2004, 89 (2): 311 –321.

[46] Inkpen A. C. , Beamish P. W. Knowledge, bargaining power, and the instability of international joint ventures [J]. Academy of Management Review, 1997 (22): 177 –202.

[47] Jervis R. The implications of prospect theory for human nature and values [J]. Political Psychology, 2004 (25): 163 –176.

[48] Jiang X., Li Y., Gao S. The stability of strategic alliances: Characteristics, factors and stages [J]. Journal of International Management, 2008 (14): 173 – 189.

[49] Jing W., Kholekile G., Marvin D. An application of agent – based simulation to knowledge sharing [J]. Decision Support Systems, 2009 (46): 532 – 541.

[50] Josef H., William H. Evolution in games with randomly disturbed payoffs [J]. Journal of Economic Theory, 2007 (132): 213 – 223.

[51] Kaushik B. Civil institutions and evolution: Concepts, critique and models [J]. Journal of Development Economics, 1995 (46): 153 – 168.

[52] Kickul J. R., Neuman G., Parker C., Finkl J. Settling the score: The role of organizational justice in the relationship between psychological contract breach and anticitizenship behavior [J]. Employee Responsibilities and Rights Journal, 2002 (13): 77 – 93.

[53] Kogut B. The stability of joint ventures: Reciprocity and competitive rivalry [J]. Journal of Industry Economy, 1989 (38): 183 – 198.

[54] Kramer R., Tyler T. Trust in organizations [M]. Thousand Oaks, CA: Sage, 1996.

[55] Lambert L. S., Edwards J. B., Cable D. M. Breach and fulfillment of the psychological contract: A comparison of traditional and expanded views [J]. Personnel Psychology, 2003 (56): 895 – 934.

[56] Lawler E. E., Mohrman S. A., Ledford G. E. J. Creating high performance organizations: Practices and results of employee involvement and total quality management in fortune 1000 companies [M]. San Francisco: Jossey Bass, 1995.

[57] Luo Y. D. Are joint venture partners more opportunistic in a more volatile environment? [J]. Strategic Management Journal, 2006

(28): 39-60.

[58] Macneil I. R. The new social contract [M]. Yale University Press, New Haven, CT., 1980.

[59] Mao C. K. Post-SARS tourist arrival recovery patterns: An analysis based on a catastrophe theory [J]. Tourism Management, 2010, 31 (6): 855-861.

[60] Maria B., Soren K. Coopetition in business networks to cooperate and compete simultaneously [J]. Industrial Marketing Management, 2000 (29): 411-426.

[61] McGrath J. E., Arrow H., Berdahl J. L. The study of groups: Past, present, and future [J]. Personality and Social Psychology Review, 2000 (4): 95-105.

[62] Meyer J. P., Allen N. J. A three-component conceptualization of organizational commitment [J]. Human Resource Management Review, 1991 (1): 61-89.

[63] Minoru T. The Cauchy problem for the nonlinear integro-partial differential equation in quantitative sociodynamics [J]. Applied Mathematics and Computation, 2002 (132): 537-552.

[64] Morrow P. C. The theory and measurement of work commitment [M]. Greenwich, CT: JAI Press, 1993.

[65] Mowday R. T., Steer R. M., Porter L. Employee organization linkages [M]. New York: The Psychology of Commitment Absenteeism and Turnover Academic Press, 1982.

[66] Muchinsky P. An assessment of the Litwin and Stringer organization climate questionnaire: An empirical and theoretical extension of the sims and Lafollette study [J]. Personnel Psychology, 1976 (29): 371-392.

[67] Oliva T. A., Desarbo W. S., Day D. L., Jedidi K. GEM-

CAT: A general multivariate methodology for estimating catastrophe models [J]. Behavioral Science, 1987 (32): 121 – 137.

[68] Oliva T. A., Oliver R. L., MacMillan I. C. A catastrophe model for developing service satisfaction strategies [J]. Journal of Marketing, 1992 (56): 83 – 95.

[69] Oliva T. A., Oliver R., Bearden W. The relationship among consumer satisfaction, involvement and production performance: A catastrophe theory application [J]. Behavioral Science, 1995, 40 (4): 104 – 132.

[70] Pan Y. Fold catastrophe model of dynamic pillar failure in asymmetric mining [J]. Mining Science and Technology, 2009 (19): 0049 – 0057.

[71] Parkhe A. Strategic alliance structuring: A game theory and transaction cost examination of inter – firm cooperation [J]. Academy of Management Journal, 1993 (36): 794 – 829.

[72] Pekka K., Raimo V. Finding the most preferred alliance structure between banks and insurance companies [J]. European Journal of Operational Research, 2006 (175): 1285 – 1299.

[73] Ploeger A., van der Maas H., Hartelman P. A. Stochastic catastrophe analysis of switches in the perception of apparent motion [J]. Psychonomic Bulletin and Review, 2002, 9 (1): 26 – 42.

[74] Raja U., Johns G., Ntalianis F. The impact of personality on psychological contracts [J]. Academy of Management Journal, 2004 (47): 350 – 367.

[75] Ramanathan K. A., Seth H. T. Explaining joint ventures: Alternative theoretical perspectives. P. W. Beamish, J. P. Killing, eds. Cooperative Strategies, Vol. 1, North American Perspectives [M]. New Lexington Press, San Francisco, CA., 1997.

[76] Rao B. P., Reddy S. K. A dynamic approach to the analysis of

strategic alliances [J]. International Business Review, 1995, 4 (4): 488-518.

[77] Restubog S. L. D., Bordia P., Bordia S. The interactive effects of procedural justice and equity sensitivity in predicting responses to psychological contract breach: An interactionist perspective [J]. Journal of Business and Psychology, 2009 (24): 165-178.

[78] Robert E. S., Lynn A. I., Thomas C. M. Alliances management: A view from past and a look to the future [J]. Journal of Management Studies, 1998, 35 (6): 747-772.

[79] Robinson S. L., Morrison E. W. The development of psychological contract breach and violation: A longitudinal study [J]. Journal of Organizational Behavior, 2000 (21): 525-546.

[80] Robinson S. L., Rousseau D. M. Violating the psychological contract: Not the exception but the norm [J]. Journal of Organizational Behavior, 1994 (15): 245-259.

[81] Rosen C. C., Chang C. H., Johnson R. E., Levy P. E. Perceptions of the organizational context and psychological contract breach: Assessing competing perspectives [J]. Organizational Behavior and Human Decision Processes, 2009 (108): 202-217.

[82] Rosser J. B. From catastrophe to chaos: A general theory of economic discontinuity, 2nd ed. Vol. 1, Mathematics, microeconomics, macroeconomics, and finance [M]. Kluwer, Boston, 2000.

[83] Rothaermel F., Boeker W. Old technology meets new technology: Complementarities, similarities and alliance formation [J]. Strategic Management Journal, 2008, 29 (1): 47-77.

[84] Rousseau D. Psychological and implied contracts in organizations [J]. Employee Rights and Responsibilities Journal, 1989, 2 (2):

121 – 139.

[85] Sheridan J. A. Catastrophe model of employee withdrawal leading to low job performance, high absenteeism, and job turnover during the first year of employment [J]. Academy of Management Journal, 1985 (28): 88 – 109.

[86] Sheridan J., Abelson M. Cusp catastrophe model of employee turnover [J]. Academy of Management Journal, 1983 (26): 418 – 436.

[87] Steers R. M. Antecedents and outcomes of organizational commitment [J]. Administrative Science Quarterly, 1977 (22): 46 – 56.

[88] Steven A. Analysis of the Lotka – Volterra competition equations as a technological substitution model [J]. Technological Forecasting and Social Change, 2003 (70): 103 – 133.

[89] Sussman H. J., Zahler R. Catastrophe theory as applied to the social and biological sciences [J]. Synthese, 1978 (37): 117 – 216.

[90] Sussman H., Zahler R. A critique of applied catastrophe theory in applied behavioral sciences [J]. Behavioral Science, 1978 (23): 383 – 389.

[91] Tamaki T., Torii T., Meada K. Stability analysis of black holes via a catastrophe theory and black hole thermodynamics in generalized theories of gravity [J]. Physical Review, 2003 (68): 1 – 9.

[92] Taylor P. D., Jonker L. B. Evolutionarily stable strategy and game dynamics [J]. Math Bioscience, 1978 (40): 23 – 29.

[93] Taylor S. E. Asymmetrical effects of positive and negative events: The mobilization minimization hypothesis [J]. Psychological Bulletin, 1991 (110): 67 – 85.

[94] Theodore M. Technological forecasting at the stock market [J]. Technological Forecasting and Social Change, 1999 (62): 173 – 202.

[95] Thom R. Structural stability and morphogenesis [M]. New York: Benjamin Press, 1972.

[96] Thomas L. Rational forecasts or social opinion dynamics? Identification of interaction effects in a business climate survey [J]. Journal of Economic Behavior & Organization, 2009 (7): 1 – 18.

[97] Torres J. L. Biological power laws and Drawin's principle [J]. Journal of Theoretical Biology, 2001 (209): 223 – 232.

[98] Tversky A., Kahneman D. Advances in prospect theory: Cumulative representation of uncertainty [J]. Journal of Risk and Uncertainty, 1992 (5): 297 – 323.

[99] van der Mass H. L., Kolstein R., van der Pligt J. Sudden transitions in attitudes [J]. Sociological Methods and Research, 2003 (32): 125 – 152.

[100] van Harten D. Variable nodding in Cyprideis torosa (Ostracoda, Crustaces): An overview, experimental results and a model from catastrophe theory [J]. Hydrobiologica, 2000 (419): 131 – 139.

[101] Wagenmakers E. J. Transformation invariant stochastic catastrophe theory [J]. Physica D, 2005 (211): 263 – 276.

[102] Wales D. J. A microscopic basis for the global appearance of energy landscapes [J]. Science, 2001 (293): 2067 – 2070.

[103] Wang S., Noe R. A. Knowledge sharing: A review and directions for future research [J]. Human Resource Management Review, 2010 (20): 115 – 131.

[104] Watanabe C., Kondo R., Nagamatsu A. Policy options for the diffusion orbit of competitive innovations – An application of Lotka – Volterra equations to Japan's transition from analog to digital TV broadcasting [J]. Technovation, 2003 (23): 437 – 445.

[105] Weibull W. Evolutionary game theory [M]. Cambridge: MIT Press, 1995.

[106] Weidlich W. Dynamics of political opinion formation including catastrophe theory [J]. Journal of Economic Behavior & Organization, 2008 (67): 1-26.

[107] Weidlich W. Intentions and Principles of Sociodynamics [J]. Evol. Inst. Econ. Rev, 2006, 2 (2): 161-165.

[108] Weidlich W. Sociodynamics - A systematic approach to mathematical modelling in the social sciences [J]. Chaos, Solitons and Fractals, 2003 (18): 431-437.

[109] Weidlich W. Thirty years of sociodynamics - An integrated strategy of modelling in the social sciences: Applications to migration and urban evolution [J]. Chaos, Solitons and Fractals, 2005 (24): 45-56.

[110] Williamson O. E. The economical constitutionals of capitalism [M]. Free Press, New York, 1985.

[111] Xu H. B., Yu J. Y., Zhu G. T. Asymptotic property of a reparable multi-state device [J]. Quarterly of Applied Mathematics, 2005, 63 (4): 779-789.

[112] Yan A., Zeng M. International joint venture instability: A critique of previous research, a reconceptualization, and directions for future research [J]. Journal of International Business Studies, 1999, 30 (2): 397-414.

[113] Yang H. L., Wu C. T. Knowledge sharing in an organization [J]. Technological Forecasting & Social Change, 2008 (75): 1128-1156.

[114] Yang K. Application of cusp catastrophe theory to reliability analysis of slopes in open-pit mines [J]. Mining Science and Technology, 2010 (20): 0071-0075.

［115］Yiu K. T. W. , Cheung S. O. A catastrophe model of construction conflict behavior［J］. Building and Environment, 2006（41）: 438－447.

［116］Yoon J. , Thye S. A dual process model of organizational commitment: Job satisfaction and organizational support［J］. Work and Occupations, 2002（12）: 97－126.

［117］Zahler R. , Sussman H. J. Claims and accomplishments of applied catastrophe theory［J］. Nature, 1977（269）: 759－763.

［118］Zeeman E. C. Catastrophe theory［M］. Amsterdam: Addison－Wesley Press, 1977.

［119］Zeeman E. C. On the unstable behavior of the stock exchanges［J］. Journal of Mathematical Economics, 1974（1）: 39－44.

［120］Zeng M. , Chen X. P. Achieving cooperation in multiparty alliances: A social dilemma approach to partnership management［J］. Academic Management Review, 2003, 28（4）: 587－605.

［121］Zhang T. J. Application of the catastrophe progression method in predicting coal and gas outburst［J］. Mining Science and Technology, 2009（19）: 0430－0434.

［122］Zhao H. , Wayne S. J. , Glibkowski B. C. , Bravo J. The impact of psychological contract breach on work－related outcomes: A meta－analysis［J］. Personnel Psychology, 2007（60）: 647－680.

［123］蔡继荣, 胡培. 国外战略联盟稳定性研究评析［J］. 外国经济与管理, 2006, 28（6）: 34－41.

［124］常涛, 廖建桥. 促进团队知识共享的激励机制有效性研究［J］. 科学管理研究, 2008, 26（3）: 75－79.

［125］陈加洲, 凌文辁, 方俐洛. 企业员工心理契约的结构维度［J］. 心理学报, 2003, 35（3）: 404－410.

[126] 陈加洲, 凌文辁, 方俐洛. 组织中的心理契约 [J]. 管理科学学报, 2001, 4 (2): 74-78.

[127] 陈健, 顾新, 吴绍波. 知识网络公平感对知识共享的影响及路径研究[J]. 情报杂志, 2011, 30 (4): 108-114.

[128] 陈卓瑶. 企业网络组织稳定性的激励模型分析[J]. 科学技术与工程. 2009, 9 (2): 496-499.

[129] 成思危. 复杂科学与系统工程[J]. 管理科学学报, 1999, 2 (2): 1-7.

[130] 丁长青, 崔鑫. 高新技术企业知识共享系统演化的势函数探析[J]. 系统科学学报, 2011, 19 (2): 85-89.

[131] 都兴富. 多次矩阵、泛函突变论与运动稳定性判定[J]. 科学技术与工程, 2002, 2 (6): 1-4.

[132] 都兴富. 泛函突变理论及其于物理分析力学、经济分析力学中的应用[J]. 数学·力学·物理·高新技术研究进展, 2002 (9): 186-193.

[133] 都兴富. 突变理论在经济领域的应用（上、下册）[M]. 成都: 电子科技大学出版社, 1994.

[134] 高隆昌. 关于突变论的一点注记[J]. 系统工程学报, 1997, 12 (3): 88-93.

[135] 郭晓鸣. 基本突变理论的数学基础 [A]. 复杂巨系统理论·方法·应用——中国系统工程学会第八届学术年会论文集 [C]. 1994.

[136] 胡斌, 周明. 管理系统模拟[M]. 北京: 清华大学出版社, 2008.

[137] 胡适耕, 黄乘明, 吴付科. 随机微分方程[M]. 北京: 科学出版社, 2008.

[138] 江旭, 高山行, 李垣. 战略联盟的范围、治理与稳定性间

关系的实证研究[J]. 管理工程学报, 2009, 23 (2): 1-6.

[139] 焦李成. 耗散结构、协同学、突变理论、奇怪吸引子和浑沌与复杂性研究[J]. 中国民航学院学报, 1988 (1): 68-72.

[140] 李健, 金占明. 战略联盟内部企业竞合关系研究[J]. 科学学与科学技术管理, 2008 (6): 129-135.

[141] 李家贤. 略论奇点（含突变）理论与系统工程[J]. 系统工程, 1990 (11): 1-6.

[142] 李家贤. 奇点（含突变）理论的基本问题[J]. 系统工程, 1991 (1): 1-3.

[143] 李原, 郭德俊. 潜信用: 组织中的心理契约[J]. 心理科学进展, 2002 (1): 83-90.

[144] 李自珍, 韩晓卓, 李文龙. 具有生态位构建作用的种群进化动力学模型及其应用研究[J]. 应用数学和力学, 2005, 27 (3): 293-299.

[145] 林绚晖, 卞冉, 朱睿, 车宏生. 团队人格组成、团队过程对团队有效性的作用[J]. 心理学报, 2008, 40 (4): 437-447.

[146] 凌复华. 突变理论——历史、现状和展望[J]. 力学进展, 1984 (11): 389-402.

[147] 凌复华. 突变理论及其应用[M]. 上海: 上海交通大学出版社, 1987.

[148] 凌文辁, 张治灿, 方俐洛. 中国职工组织承诺的结构模型研究[J]. 管理科学学报, 2000 (3): 76-80.

[149] 刘迅. 突变理论及其应用[J]. 经济理论与经济管理, 1986 (5): 74-75.

[150] 卢嘉, 时勘, 杨继峰. 工作满意度的评价结构和方法[J]. 中国人力资源开发, 2001 (1): 15-16.

[151] 路应金, 唐小我, 张勇. 供应链产品转移价格突变分析

[J]. 系统工程理论方法应用, 2005, 14 (6): 560 - 563.

[152] 梅花. 企业战略联盟稳定性研究 [D]. 西北农林科技大学博士学位论文, 2005.

[153] 齐源, 赵晓康, 李玉敏. 基于 Shapley 值及 Gahp 的供应链知识共享收益分配研究[J]. 科技进步与对策, 2011, 28 (9): 132 - 137.

[154] 孙锐, 赵大丽. 动态联盟知识共享的演化博弈分析[J]. 运筹与管理, 2009, 18 (1): 92 - 97.

[155] 覃正, 姚公安. 基于信息熵的供应链稳定性研究[J]. 控制与决策, 2006, 21 (6): 693 - 696.

[156] 王文宾. 演化博弈论研究的现状与展望[J]. 统计与决策, 2009 (3): 158 - 161.

[157] 王颖, 李树茁. 员工组织承诺生成机制的实证研究[J]. 北京师范大学学报 (社会科学版), 2007 (1): 122 - 129.

[158] 王昭慧, 忻展红. 突变模型下的产品价格与品牌效应分析[J]. 北京邮电大学学报, 2007, 9 (3): 53 - 58.

[159] 王子龙, 谭清美, 许箫迪. 基于生态位的集群企业协同进化模型研究[J]. 科学管理研究, 2005, 23 (5): 34 - 37.

[160] 谢荷锋. 组织氛围对企业员工间非正式知识分享行为的激励研究[J]. 研究与发展管理, 2007, 19 (2): 92 - 98.

[161] 辛玉红. 一个供应链系统的可靠性模型的适定性分析[J]. 数学的实践与认识, 2008, 38 (1): 47 - 53.

[162] 徐玖平, 唐建平. 非线性动态市场价格的突变分析[J]. 系统工程理论与实践, 2000 (4): 48 - 54.

[163] 杨水旸, 王春峡. 突变理论与管理系统[J]. 科学管理研究, 1988 (10): 65 - 66.

[164] 张美宙. 不连续现象的数学模型——托姆的突变理论[J]. 自然杂志, 1980 (10): 728 - 732.

［165］ 赵树宽. 基于 Logistic 模型的企业生态系统演化分析［J］. 工业技术经济, 2008 (10): 70 – 72.

［166］ 朱少英, 齐二石. 组织学习中群体间知识共享行为影响因素分析［J］. 管理学报, 2009, 6 (4): 478 – 481.

后　记

　　写此书很辛苦，因为面对这么一项任务，我只是一个有着七情六欲的平凡人，在智商方面并非天赋异禀，必须要付出应有的和到位的汗水及努力才能保证成果。这是再自然不过、再公平不过的一项交换活动了。其实按照物理学上的能量守恒定律，世界上的一切变化和交易都是公平的。你所看到的所谓不公平，那只是你主观看到和感知到的不公平而已，并不说明你看到的就是一切。或者说你看到的虽然也是事实，但是那并非全部的事实，从而借助你的主观认知推断出不公平的结论，这才是对世界客观规律的不公正对待和藐视。存在即合理，规律的发挥作用不以个人的主观臆断而改变或者停止。

　　本书在写作过程中一共出现了两次写作难度上的高峰。第一个高峰是兴奋到筋疲力尽地对内容主体框架的构建过程，为此，我在写完之后休息了很长一段时间。必须要有足够的休整，因为接下来还要接触另一个写作难度上的高峰——后记。唯此，整本书的完备性才得以保障。

　　在准备动笔写该部分的时候，我内心百感交集，短时间内还真不知道从何说起。虽然很兴奋，但是很混乱，免不了随性发挥，说一些与主题没有直接关系的题外话。索性，我又搁笔三天，但是在那期间我并没有停止思考。在整个思考过程中，脑海里一直有一个问题在闪动：为谁而写？对！如果非要做出选择的话，这本书到底应该奉献给谁？而要回答这个问题，就等于回答这部著作的完成归功于谁？或者主观上我应该感恩谁？一个自然的逻辑是谁的贡献大，谁就有资格。因此，我想，要回答此问题的话，可以先从回答"这篇著作是如何产生的"开始讨论。

关于这个问题，虽然回答起来不免要绞尽脑汁，但是我想无论如何应该秉持着实事求是的态度，按照时间的演化，心怀感恩之心地去寻找答案。

2006年2月，考研成绩出炉了。在那一刻，我知道对于自己的意义，在我的母校德州学院韬晦了四年之后，我终于完成了华丽的转身，以优异的成绩考入华中科技大学。

2006年仲秋之时，怀着一股豪情，带着一包行李，挥一挥衣袖，开启了华东—华中之行，来到了武汉这座全国"烦恼"指数最高的城市。

2006年9月到2008年7月两年的时间里，我在数学与统计学院攻读硕士学位，师从著名的学者胡适耕老师。这篇著作的完成，我首先要感谢胡老师，直接来讲，两年的时间胡老师用他那超级优秀的"四两拨千斤"的教学方法，让我和同门在最短的时间里去尽可能地系统学习和掌握随机微分方程这一理论工具。而这也是我的著作中所涉及的所有科学研究得以开展的支撑性工具之一（其他还有攻读博士学位期间接触的演化博弈理论和随机突变理论），也算是小范围内我的核心竞争力，它就像宏伟大厦的基石一样支撑着一层接一层砖瓦的不断构建。我很幸运，幸运的人自然很幸福，幸福的人当然要心怀感恩和祝福。在这里真诚地感谢胡老师，感谢我的同门李清华、孟雪井、傅阳光无私的帮助和鼓励。祝福胡老师及其家人幸福、健康、长寿！祝福三位同门工作、事业、家庭、生活顺顺利利！

说实话，自从踏入华中科技大学大门的那一刻开始，才真正体会到了大学的博大胸怀、深邃内涵和软硬件资源的异常丰富等，这远非我的本科母校所能比拟的。它所有的一切总是让我好奇，于是抱着强烈的求知欲，抱着百分百的学习心态，以如饥似渴的精神去学习、去模仿、去吸收、去深刻领悟和接纳大学的真正意义。

两年的时间马上接近尾声了。对于一个具有强烈求知欲的人来说，最宝贵的可能就是时间了吧？两年里我学到了很多做人做事做学问的方法，见识了很多不曾见识的东西。然而我也深切体会到了意犹未尽的感觉，华中科技大学还有很多东西值得我去琢磨、去发现、去掌握。机会很难得，平台很重要。就在这种认知下，就在对求知很敏感、对求职很不敏感的心态下，我做出了一个大胆的决定——继续深造读博。不曾想，这一抉择影响了我的一生，包括工作、生活、家庭。

接下来面临的首要问题就是选择读博的方向问题，各种因素让我最终选择了管理学院作为我的大本营。一方面，我本科和硕士学的都是数学知识，这都是偏理论的，接触的大都是符号世界。一个直接的想法是把所学理论应用于实践，这样才可以体会到其中的乐趣。自认为不是天生学习数学的材料，所以断不敢再接近数学大师的世界。另一方面，当时对经济理论不是很理解，处于混沌状态，对于所谓的价格、边际效用、需求弹性等又都是一知半解，体会不到其中的深切内涵，本来数学所能直接发挥作用又屡试不爽的实践领域就是经济学，但是苦于当时的不解，于是便打消了这个念头。另外，在管理学院，已经有了不少从数学系转过去攻读博士的学长学姐，内心自然地感到亲切。于是，最终借助学校的提前攻博政策，让我提前进入到了管理学院做准备工作，这样终于有幸再次获得了贵人的青睐和帮助。

说实话，这篇著作中的题材大部分直接来源于博士期间的所思所想。因此可以说，本书的撰写及其完成直接得益于我的博士导师胡斌教授的谆谆教导。

四年的博士生活，无不凝聚了恩师的智慧、关爱、包容、鼓励与

后 记

心血。胡老师在为人处世和做学问方面为我树立了很好的榜样，是我终生学习的目标。恩师关心我的生活和学习并给予了我无微不至的关怀，在此，谨向恩师胡斌教授致以最诚挚的感谢。

但是作为回报，博士四年所结下的果实却是那么的苦涩，难以启齿。对于我，在未来的路上我将永远记住曾经立下的誓言，并尽自己最大努力尽快去实现。唯有此，在谈起自己的博士生涯时，内心才有丝丝慰藉。

感谢鲁耀斌教授、鲍玉昆副教授和汪秋泓副教授在本人博士论文开题时给予的指导和关怀，也对评阅和答辩专家给予的指导和鼓励表示深深的谢意。

感谢我所在实验室的博士研究生王有天、杨申燕、申红艳、危小超、赵旭、朱侯、刘海滨、杨水清、曹玉枝，硕士研究生肖洪威、陈诚、付玙瓅、李雄、张留陪、熊飞、梁震林等及已毕业的吴江博士、董升平博士、于同洋博士、蒋国银博士、王缓缓博士、林家宝博士、钱任硕士、牛飞硕士等对本人的帮助与支持。

感谢我的好友陈超、张建华、王建立、汪红霞、王淑良、宋弢、郭延涛、叶火杰、万雄波、陈仕军等，在他们的理解、安慰与支持中，我才能挺过他乡求学路上的诸多艰辛及坎坷，感谢十年求学路上关心和支持我的所有老师、同学与朋友。

四年期间，远离亲友与故知，大多数时间都是与电脑为邻、与研究相伴、与同学为伍、与时间赛跑，有过成功的喜悦，有过失败的烦恼，有过畅谈人生、激扬文字的欢笑，也有过满腹牢骚、郁郁寡欢的忧愁。成绩让我更加自信，挫折让我更加坚强，友情让我更加懂得珍惜，恩情让我更加懂得回馈。

美丽的校园，严谨的学风，循循善诱的大师，亲切友爱的同学……青年园、喻家山、户部巷、江滩……永远让人留恋、让人回味、让人畅想、让人激昂。身处烦恼之城，虽少不了烦恼的光顾，但留在

· 167 ·

心底的更多是快乐和希望。

四年光阴，虽短犹长，敢问青春能有多少个四年？回首往昔，感慨万千，试问人生能有几多眷恋？这段经历，注定是我人生重要的财富、浓重的一笔和永恒的回忆。无论是否想起，它都在这里，埋藏在我的心里。

四年后，挥一挥衣袖，带着一只存满心血的 U 盘，怀着喜悦的心情踏上了回乡的归途。再见了，武汉，我生命中的第三故乡，今后你将不会再让我烦恼。虽然他日还会重来，但时过境迁，能否重拾昔日的感觉？

在这里，还要感谢我的爸爸妈妈，他们的养育之恩以及十年求学路上对我的默默付出与支持，我将永记于心。家人的殷殷期盼和关爱是我成长和成熟的最大动力。感谢我的哥哥、嫂子、妹妹和妹夫对我的支持、关心和鼓励。也希望可爱天真的小侄子、小外甥女和小外甥健康快乐地成长。

2012 年 6 月底，我结束了求学之路，踏上了工作征程，来到了坐落于美丽海滨城市烟台的山东工商学院任教。虽然人生中多了一个角色，即面对众多学子和同仁的工作人角色，意味着对成熟的要求标准又高了一层，但是我的学者之路并没有中断。相反，真正的研究之路才刚刚开始。因为过去的六年是对如何搞科研的一个探索性回答，在这起步阶段必然要走一些弯路。虽然偶有成功，但是大多时候而且应该要经历失败。因为失败是成功之母，真正意义上的成功，一定是要在很多次失败的摸索中才能诞生。只有这样才能真正地发现成功要求的条件和时机，偶然侥幸的成功最大的不足就是没有机会和心情寻找那些条件，也就无法保证在下次面临同样一件事的时候能够百分百成功。而那些在起步阶段所获得的无比宝贵的成功经验和失败教训，将是我以后报答恩师和继续前行的"佐料"和动力。

从工作之后的两年来看，对已有研究的进一步完善使得我陆续斩

后 记

获科研成果，借此兑现了我的诺言，报答了恩师，我的心情如释重负。

已有的成功增加了对自己的认可。让我对自己把握和探索规律的思维方式和行为方式更加自信，这给了我足够的动力和信心去开展新的探索和发现。未来的科研路途虽然遥远，但是前途很明朗。

过去的我，路途虽然曲折，但是常得贵人相助，让我不断走出很多人生低谷。诸多感恩，难以言说。我笃信，常怀感恩是幸福的。

在给出开篇问题的答案之前，我要说我应该郑重地感谢一下我的爱人孙源女士。她不仅以豁达的心胸、超群的智慧，使自己的事业得到了蓬勃发展，同时又以善良纯净的心境，树立了新时代贤妻良母的典范，并对我的各项工作给予了无条件的支持。所以，工作之后我对已有研究工作的完善和新的研究的探索，这期间所产生的任何成就和闪光，都实实在在地包含着她的无私奉献，包括时间、精力、体贴、包容、理解和赞许。

谨以本书献给她和帮助过我的他们。

这部著作的写作与完成，承载了太多太多的往事和人。认真地完成这方面的总结也算是对过去的一种负责任的交代。因为我笃信，只有认真地付出以及认真地收获，一个人的人生才不会有悔恨，才有资格和心情去真正做到怀有感恩之心，才有资格去获得幸福。而如果你游戏人生，人生就游戏你。

我深知，了解这部著作是怎么来的很重要。因为按照科学思维，搞清楚了一个事物是怎么来的之后，才可以明白其本质，进一步明白其功能，从而可以拿来为实践所用。因此，这一步无法逃避。但是更重要的是它出来了之后怎么去面对它和让它为自己服务。我深知，这部著作只是一个载体，真正重要的是在这个过程中所表现出来的做人做事做学问的品质和行为方式。从这个意义上说，完成这部著作不是结束而是开始，不是目的而是手段。毕竟，过去的已经过去了，接下来就是如何面对和把握自己的现在和将来。因此，不能简单停留于对过去的总结，了解和总结过去为的是掌握规律，为的是能发现更好的现在，从而更好地面对未来。

上述所有的这一切都是我人生路上最宝贵的精神财富。

在未来，我将且行且珍惜。